RÉVÉLATIONS

faites en faveur de la France,

PAR L'ENTREMISE

DE

THOMAS MARTIN,

EN 1816.

RÉVÉLATIONS

Faites en faveur de la France,

PAR L'ENTRÉMISE

DE

THOMAS MARTIN,

EN 1816.

> Dieu est un juste juge, et sa force égale sa patience.
>
> *Ps. VII.*

PARIS,

IMPRIMERIE DE GUEFFIER,

RUE GUÉNÉGAUD, N°. 31.

1827.

NOTE

Relative au recueil publié en 1827, sous le titre de *Révélations faites en faveur de la France par l'entremise de Thomas Martin*, en 1816.

L'éditeur de ce recueil ayant pris de nouvelles informations auprès de Martin lui-même, croit devoir déclarer que l'entretien du laboureur de la Beauce avec Louis XVIII n'y est pas fidèlement rapporté. Le lecteur a pu remarquer (page 74) qu'on n'en a rendu compte dans les propres termes du bon villageois qu'*autant qu'il a été possible*. Martin, sans expliquer sa pensée, fut peiné de voir ses discours altérés et détournés de leur sens, il le témoigna à celui qui tenoit la plume, et qui crut sans doute ne pouvoir mieux faire que de les laisser tels qu'il les avoit rédigés, et tels qu'ils furent plus tard imprimés à son insu : il étoit facile de se méprendre et il n'y eut point de réclamation, à cause de l'extrême réserve de Martin. Mais observons que ce brave homme, dont la conduite en cette circonstance singulière deviendra peut-être un sujet d'admiration, a eu soin de joindre à sa signature, à la fin de l'analyse des pièces de la Préfecture, ces mots : *Il y a même moins que plus*, en reconnaissant la véracité de cet écrit pour ce qu'il avoit *vu, entendu et éprouvé à toutes les différentes fois* (1) : or, l'Ange ne lui apparut et ne lui parla point pendant l'entretien ; et ainsi l'attestation de Martin se rapporte au récit des apparitions et révélations qui l'ont précédé et qui rappellent plus généralement les hommes à leurs devoirs.

La préface du recueil ainsi que les notes et les observations devroient subir quelques changements que nous ne pouvons y apporter en ce moment.

Il est dit dans le même livre qu'à Rome on a cru à la Mission de Martin : on n'a pas voulu faire entendre qu'aucun jugement formel en eût été porté ; mais à Rome, ainsi qu'en bien d'autres pays, des personnages également distingués par leurs lumières et par leur rang pensent qu'une œuvre conduite de cette manière ne vient pas des hommes, et que Dieu seul peut en être l'auteur. Ceux qui s'en

---

(1) Nous avons vu le double de la même pièce : Martin y atteste les mêmes choses, avec quelque différence d'expressions.

sont occupés sérieusement en France, sont à cet égard profondément convaincus, et la conviction est plus forte à mesure que l'œuvre de Dieu est mieux connue.

Une anecdote sans importance pour la Mission de Martin, mais qui peut donner une fausse idée de son caractère, est mal racontée, pages 136 et suivantes. Un mets que l'habitant de Gallardon ne connoissoit pas, fut servi : après en avoir pris quelques bouchées, il en eut du dégoût, et refusa d'en manger davantage. Alors M. André se divertit à ses dépens, lui disant qu'il avoit mangé de la viande un jour maigre. Du pain et quelque dessert terminèrent le repas de Martin. Tel est ce fait dans toute sa simplicité.

Les relations que nous avons publiées au commencement de cette année ont été écrites en 1816 et 1817; l'authenticité des pièces, la vérité des faits nous étoient garanties, et peu de personnes savoient qu'une bonne relation de ce qui s'étoit dit à l'audience du 2 avril avoit été impossible. Le rappel au Christianisme formellement exprimé, et les importantes révélations antérieures à l'audience, et dont plusieurs y ont été rapportées par Martin, sont incontestables.

a simplicité, le bon sens, la droiture sont, urd'hui comme en 1816, les qualités éminentes ı laboureur de Gallardon, et l'on retrouve en lui l'homme modeste, naïf, exempt d'exaltation, inébranlable dans ses dépositions. Assez de faits ont rendu à la vérité de ses paroles d'irrécusables témoignages.

AVIS AU LECTEUR.

Toutes les personnes qui se sont exactement informées des actions et des discours de Martin, sont maintenant convaincues de la vérité de ces faits et de l'absence de toute coopération de la part des hommes. Les faits ont eu pour témoins des personnes de tout état et de tout rang : ils sont consignés dans les diverses relations qui ont été publiées, et qui n'ont jamais été contredites ; enfin, lorsqu'on remonte aux sources, il est impossible de conserver aucun doute à cet égard. Mais comme ces faits étoient très-opposés à la conduite du Ministre alors en faveur, diverses rumeurs furent répandues dans le public pour les attribuer soit aux jansénistes, soit même au ministre. L'extrême crédulité de ce siècle pour tout ce qui s'accorde avec nos penchants, peut seule expliquer comment plusieurs s'y sont laissé prendre, et une seule réflexion peut suffire pour les réfuter : *Si Satan est divisé contre lui-même, il détruit lui-même son empire.* Dans l'histoire des révélations de Martin, tout est d'accord avec la religion de Jésus-Christ, une, sainte, catholique, apostolique et romaine; tout rappelle les hommes à l'unité dans la foi, à l'obéissance aux lois de Dieu et de l'Eglise, en un mot à la Chrétienté, et vraiment on ne peut que plaindre les personnes capables d'y voir une œuvre jansénistique ou ministérielle. Néanmoins, la police et les particuliers les plus éclairés se sont efforcés de trouver quelque trace d'intrigue, et n'ont jamais pu y réussir. Plus l'examen est sévère, plus on reconnoît que les hommes sont entièrement étrangers à cette œuvre, et qu'il leur étoit impossible de l'opérer telle qu'elle est. Aussi ne craint-on pas de reproduire d'abord la relation imprimée en 1817, selon l'édition de Besançon (1820), et sans les réflexions qui l'accompagnoient; nous avions conçu des préventions contre cette relation, mais des préventions n'ont pu nous suffire, elles ont dû céder aux preuves acquises et aux témoignages les plus certains; cette narration est véridique; on pourra la comparer avec les autres pièces contenues dans ce recueil, savoir: une relation par M. Acher, ancien chanoine de Chartres, également connu pour sa probité et l'orthodoxie de ses sentiments; une analyse de pièces de M. le comte de Breteuil, magistrat connu pour son intégrité, et Préfet d'Eure-et-Loir en 1816; enfin, un extrait du dernier rapport des médecins qui ont examiné Martin. Quelques différences de dates, de circonstances et d'expressions, qu'on pourra remarquer dans ces divers écrits, n'obscurciront nullement la vérité aux yeux des personnes de bonne foi, et c'est seulement à celles-ci que ce livre est adressé. Les objections sur le fond même des révélations sont tellement frivoles, que nous croirions presque faire injure au lecteur en les réfutant. A Rome on a cru à la Mission surnaturelle de Martin. Nous pouvons nous étonner au premier coup-d'œil de ce que le bon villageois ne fréquentoit les sacrements qu'une fois l'année ; mais s'il eût été d'une piété remarquable, on en eût pris prétexte pour l'accuser d'*exaltation ;* c'est ainsi que Dieu a ses vues en toutes choses : il a choisi un homme très-ordinaire en tout point, si toutefois la simplicité, l'humilité, la sincérité, l'intégrité de la foi et des mœurs, sont choses ordinaires aujourd'hui. Martin fréquente plus souvent les sacrements depuis sa mission, qui a augmenté sa vertu. Du reste, on trouve maintenant en lui le même bon sens, la même candeur, la même santé qu'en 1816. Lire avec simplicité, sans aucune sorte de préjugé, de crainte, de désir ou d'amour-propre, voilà ce que nous osons recommander au lecteur. Le récit de l'apparition de la Croix lumineuse en 1826 terminera ce volume.

Il n'y a point d'homme qui n'ait un intérêt direct aux admonitions que Dieu nous adresse. Dieu veut sauver ; il dépend des hommes de répondre à ses desseins. Jusqu'à sa dernière heure Jérusalem fut avertie en vain ; il n'y resta pas pierre sur pierre. A la voix du prophète Jonas, Ninive s'est convertie, et cette ville infidèle, condamnée à être détruite au bout de quarante jours, fut conservée. Les sages et les simples accueilleront avec empressement les avertissements du Ciel ; ils les méditeront, ils en feront la règle de leur conduite. Les insensés les dédaigneront jusqu'à l'entier accomplissement qui paroît s'approcher. Mais remarquons ces paroles consolantes contenues dans les révélations de 1816 : *Si le peuple se prépare à la pénitence, ce qui est prédit sera arrêté.* Chacun de nous, par son obéissance, peut contribuer à les réaliser.

(L'Avertissement ci-après appartient à la Relation qui le suit.)

Préface.

Le titre de ce livre auroit pu convenir au quinzième siècle ; c'est cependant au dix-neuvième que nous l'avons choisi, parce qu'il nous paroît propre à donner tout d'abord l'idée la plus vraie du sujet déjà trop peu connu ou trop peu médité que nous offrons au Public. Il aura encore l'avantage d'épargner la peine d'une plus longue lecture aux personnes dont ce titre seul obtiendra le mépris ; leur jugement se trouvera tout fait d'avance, et nous ne leur envions pas la promptitude de leur méthode ; mais ce n'est pas encore celle de tout le monde, et d'autres lecteurs commenceront par considérer, sans aucune prévention, l'ensemble des paroles et des actions d'un simple villageois, qui ont eu pour témoins des personnes de tout état et de tout rang, au commencement de l'année 1816. Si quelques-uns n'y aperçoivent que l'histoire d'événements naturels, ils y trouveront du moins des choses bien surprenantes, et des avis dont la pratique ne peut laisser de repentir.

Quelques mots très-usités aujourd'hui, tels qu'*exaltation*, *exagération*, *fanatisme*, ne nous épouvantent pas; leur fausse application en impose cependant tous les jours aux esprits foibles; mais pour y être insensible, il suffit d'avoir une certaine mesure de raison et d'indépendance. Certes, personne ne refusoit à S. M. Louis XVIII au moins cette suffisante mesure : Mgr. le Chancelier de France s'étant mis un jour à parler à ce grand Prince d'une manière assez gaie sur l'affaire de Martin, qu'il ne connoissoit sans doute qu'imparfaitement, le Roi lui imposa silence en faisant de la main un geste expressif de son improbation, et lui témoignant en quelques mots qu'un ton léger ne convenoit nullement à ce sujet.

L'opportunité de cette édition sera peut-être contestée. Selon nous, et *selon bien d'autres juges*, l'œuvre dont nous renouvelons la mémoire vient de Dieu, et cela dans le siècle présent : voilà ce qui nous décide, et tout ce que nous pourrons en dire, sera basé sur cette conviction. Depuis cet événement, dix ans se sont écoulés, et c'est beaucoup dans ce siècle ; cependant la Loi de Dieu est toujours la même, son secours est assuré à ceux qui la prennent pour guide ; nous n'avons pas encore péri, nous pouvons nous sauver encore, et sans aucun doute cette heureuse confiance, en affrontant le danger, le feroit bientôt évanouir avec les illusions de la peur.

C'est en envisageant notre situation actuelle, l'avenir qu'elle annonce, et l'aveuglement qui nous perd, qu'un laïc obscur a voulu rappeler les merveilles de la sollicitude et de la prescience divine opérées en notre faveur. Le salut du Roi, le salut de ses concitoyens et de ses proches sont ses seuls motifs. Auprès de tels intérêts, toute autre considération lui paroîtroit nulle, tout intérêt trompeur, toute timidité honteuse, et il acceptera en silence l'honneur des dérisions ou des persécutions qui peut-être l'attendent, si toutefois la vérité et la franchise paroissent encore dignes d'amour ou de haine. Dieu veuille au reste que ses paroles, trop au-dessous de leur objet, ne nuisent pas à l'efficacité d'autres paroles qu'il ne fera que transcrire!

Lorsque la volonté de Dieu se manifeste, toutes les réflexions se réduisent à une seule : Dieu doit être adoré et obéi. Tel est le principe de tout ordre, et toute opposition à cette vérité souveraine n'est que délire et n'engendre que malheur. Le peuple français, depuis long-temps le modèle ou le scandale de l'Europe, semble être spécialement l'objet des complaisances ou de la colère divines. Quel choix fera désormais ce peuple privilégié? Se replacera-t-il au premier rang parmi les nations chrétiennes, ou sera-t-il encore le jouet et la victime de l'erreur et du vice? S'humiliera-t-il librement devant un Dieu Sauveur, ou sera-t-il encore humilié sous le poids de ses vengeances? Les dépositaires du pouvoir qui le gouverne recevront-ils leurs instructions d'une politique hostile et toute matérielle, ou chercheront-ils de meilleurs conseils dans la sagesse du Chef spirituel de la Chrétienté? La France enfin périra-t-elle, ou voudra-t-elle son salut? Le Seigneur lui a fait entendre sa voix dans ces derniers temps : préférera-t-elle définitivement la miséricorde ou la justice? L'avenir nous le fera connoître bientôt, et quel que soit le sort de la terre, les avertissements du Ciel demeureront comme un monument de la bonté, de la patience et de la justice de l'Éternel.

Sans doute les lumières célestes ne seront pas d'un grand prix aux yeux des hommes qui croient se suffire à eux-mêmes, elles leur paraîtront toujours trop inférieures à leurs hautes et innombrables conceptions, et le bon sens est pour eux trop simple et trop antique. Nous convertir à Dieu, renoncer à notre orgueil et à tous nos vices, sanctifier les jours consacrés au Seigneur, faire pénitence, cesser nos désordres, croire, obéir, pratiquer la Religion, craindre et respecter le Roi, être, en un mot, véritablement chrétien, ce ne sont point là des choses qui accommoderont des esprits tout remplis de leur propre mérite; mais elles conviendront aux simples et aux sages. Ceux-ci comprendront que tous les avis nécessaires sont renfermés dans la Mission remplie en 1816 par Thomas-Ignace Martin, avec toutes ses circonstances; ils comprendront que celui qui donne la lumière, donne aussi l'intelligence et la force à ceux qui veulent efficacement la suivre; et soit que les grands, désabusés, s'élèvent courageusement au-dessus du tourbillon qui les entraîne, soit qu'ils abandonnent les voiles du vaisseau de l'État au vent du mensonge, les fidèles resteront inébranlables sur le roc où l'Homme-Dieu a placé le fondement de la société chrétienne. C'est là qu'espérant, même contre toute espérance, et s'appliquant à pratiquer la vertu, ils attendront les jugements de Dieu sur la France et sur eux-mêmes. Assez d'autres, qui se croient hommes d'État parce qu'ils ignorent la puissance de la foi et la constance des vrais chrétiens, n'apprendront peut-être qu'au milieu des ruines que les périls de la Religion sont en même temps les plus graves périls des empires. — *Dieu une fois méconnu*, plus de base à aucun devoir, toute supériorité morale s'évanouit, les liens de la société se dissolvent parmi des *hommes également souverains*, la fidélité, l'obéissance, la vertu, l'honneur, l'orgueil, la révolte, l'iniquité, le crime, ne sont plus que de vains mots employés par la ruse à la mystification des consciences (1), et bientôt les châtiments deviennent la récompense décernée aux uns ou aux autres par des caprices décorés du nom de *jugements.* Point de *foi*, point de *loi*. Là où la Loi du *Souverain Être* est reniée comme règle des choses humaines, l'ordre et la justice seront traités de prestiges; la légitimité, cet accord des choses avec la Loi divine, passera pour un abus; le sacerdoce, la royauté, la magistrature, perdront également l'autorité de leur ministère; l'homme ne pourra plus rien prescrire à l'homme, les serments ne seront plus même un amusement pour des imaginations impies, la liberté du mal deviendra le seul dieu d'une génération ennemie de cette liberté du bien que les gouvernements étoient appelés à soutenir et à défendre; la violence enfin

(1) Au milieu de la confusion, les chrétiens n'oublieront pas qu'en reniant les véritables devoirs, les hommes ne peuvent les anéantir, et les épreuves perfectionneront en eux la vertu.

restera seule debout sur les débris de tous les intérêts jusqu'à ce qu'elle succombe à ses propres fureurs.

Mais ne nous écartons pas davantage de la simplicité de notre dessein. Les faits et les paroles dont nous voulons perpétuer le souvenir, et l'accomplissement commencé de ce qui a été prédit (1), rendront à la vérité de plus graves témoignages : témoignages consolants, s'ils sont dès ce jour mis en usage en face de l'impiété déconcertée; témoignages salutaires, du moins pour ceux qui nous survivront, si la vérité

(1) On peut se rappeler la révolte de Grenoble au printemps de 1816 ; l'été extraordinaire de 1816 ; le célèbre 5 septembre 1816 ; la disette de 1817 ; la catastrophe arrivée à la fin du carnaval de 1820, un dimanche, à la porte de l'Opéra ; les crimes, les fautes énormes de la politique ; les complots, les tentatives de meurtre et de révolte qui ont eu lieu à diverses époques ; les événements menaçants de 1826, etc. Se pourroit-il que les avertissements, au lieu de nous éclairer, nous aveuglassent sur les choses même qui se sont passées et qui se passent sous nos yeux ? et pour punir les cris d'alarme, faut-il voiler nos blessures, repousser les moyens de salut, conspirer avec d'aveugles ennemis à la ruine commune ?

semble aujourd'hui perdre ses droits à l'obéissance des hommes.

La première Relation imprimée des *Événements arrivés à un laboureur de la Beauce dans les premiers mois de* 1816, a paru à Paris, chez Égron, imprimeur de S. A. R. le Duc d'Angoulême, en 1817. Nous avions conçu des préventions contre cette narration; mais elles ont dû céder aux preuves acquises. Nous la réimprimons suivant l'édition de Besançon (1820), qui est plus correcte, en omettant les réflexions qui l'accompagnoient; elle est véridique et signale une quantité de témoins des démarches et des discours de ce bon villageois, qui ne peuvent s'expliquer raisonnablement que comme l'effet d'une cause surnaturelle. Le seul démenti donné à ce récit fut la menace d'un procès contre son auteur, il comparut même devant le juge d'instruction; mais une procédure solennelle n'auroit eu d'autre résultat que de donner, par la comparution des témoins, plus d'éclat à la vérité, et sous un ministère qui vouloit la tenir captive, on se contenta de la promesse de ne plus faire imprimer ce livre du vivant de S. M. Louis XVIII. Le Ministre oublia peut-être que jusqu'ici, en France, le Roi ne meurt pas. Nous donnons ensuite, sans aucune altération, une *Relation écrite par M. Acher, ancien Chanoine de Chartres*, également recommandable par sa probité et l'orthodoxie de ses sentiments, et qui, ayant à son service la sœur de Martin, étoit à même de connoître l'homme et les choses. Nous laissons à son style toute sa naïveté, et les différences des deux récits pour quelques dates, quelques circonstances et quelques expressions n'obscurciront nullement la vérité aux yeux des lecteurs de bonne foi. Viendront ensuite une *Analyse de Pièces relatives au même événement* (de M. le comte de Breteuil, Préfet du département d'Eure-et-Loir), et un *Extrait du Rapport des Médecins qui ont examiné Martin*.

Ces écrits n'apprendront rien de nouveau aux Autorités, qui ont été aussi bien informées que nous-mêmes, et les objections que l'on peut opposer sur le fond des révélations nous paroissent trop futiles pour être discutées sérieusement: nous ne nous arrêterons point à prouver, par exemple, que Dieu peut menacer de ne plus avertir, et ensuite avertir encore avec plus de force et d'éclat; que l'ange de ténèbres ne sauroit constamment détourner du vice et exciter à la vertu; que la Chrétienté repose nécessairement sur la foi en Jésus-Christ; sur la foi de son Église; que les discours et les actions de l'Envoyé céleste montrent dans toute la suite de cette œuvre son adhésion à la foi, à la morale, au culte, à la subordination catholiques; que la simplicité est un des caractères des œuvres divines; que nous ne pouvons attendre du Ciel l'annonce de doctrines ou de commandements nouveaux; que Dieu sait mieux que nous-mêmes les avis qui nous conviennent ; qu'il peut faire des miracles, et que la seule annonce d'événements surnaturels n'est point un signe de fanatisme ou d'aliénation d'esprit, soit habituelle, soit intermittente, etc.

Quelques préventions, légitimes dans leurs motifs, mais tout-à-fait étrangères aux apparitions mêmes, ont d'abord inspiré à quelques personnes une défiance que nous avons lieu de déplorer, et que le temps et un examen plus approfondi ont sans doute dissipée ; car nous ne leur ferons pas l'injure de croire qu'une œuvre de cette nature attribuée à Dieu, qu'une mission si grande dans son objet et si capable de ranimer la foi, ne leur ait pas même paru digne de leurs investigations. Dans une matière aussi grave, nous n'avons pas voulu nous exposer aux conséquences d'une méprise ou d'une aveugle incrédulité, et des préventions n'ont pu nous suffire : nous savons que tous les examens et confrontations des choses, des personnes et des documents, aboutissent à démontrer l'absence de toute intrigue dans cette affaire, la réalité d'indignes intrigues pour en empêcher les heureux effets, l'impossibilité du succès d'aucune imposture sur les faits qu'elle renferme, et dont la connoissance est acquise à un grand nombre de personnages éminents, à Paris comme à Rome. La multiplication des recherches n'a fait que multiplier les témoignages, et l'on voudroit en vain nier aujourd'hui des événements qui appartiennent déjà au domaine de l'histoire : les journaux du temps les ont annoncés, tout le monde en a été plus ou moins instruit, plusieurs narrations en ont circulé dans le public, on en trouve un résumé très-remarquable dans la *Biographie des hommes vivants*, il en parut à Dijon pour la seconde fois en 1817 un examen détaillé (1), et la première Relation imprimée a eu de 1817 à 1820 au moins

(1) A Dijon, chez Coquet, libraire, place St.-Jean.

quatre éditions, sans qu'aucune réclamation se soit fait entendre.

Les révélations du laboureur de Gallardon peuvent, à certains égards, être comparées à celles qui furent faites à Jeanne-d'Arc pour la délivrance du royaume; mais on crut, on se conforma à ces dernières qui avaient été moins longuement éprouvées, et la France, réduite à la dernière extrémité, fut délivrée de la domination anglaise; elles rappellent surtout les révélations qui furent communiquées à Louis XIV par le maréchal de Salon; elles rappellent encore la lettre prophétique de saint Vincent-de-Paul qui a été lue par Louis XV: un arrêt dicté par d'inexorables juges était réservé à l'infortuné Louis XVI. Les avertissements, les signes précurseurs ont été longtemps prodigués avant la révolution française, ils ont été négligés. Les avertissements, les signes de destruction se multiplient, se pressent de nos jours: *Dieu veut sauver;* mais qu'est-ce que les hommes *veulent?—Jérusalem*, dit le Seigneur, *toi qui immoles les prophètes et qui lapides ceux qui sont envoyés vers toi, combien de fois j'ai voulu rassembler tes enfants, comme l'oiseau rassemble ses petits sous ses aîles, et tu n'as pas voulu!* On connaît le sort de Jérusalem : jusqu'à sa dernière heure elle fut avertie en vain ; il n'y resta pas pierre sur pierre. A la voix du prophète Jonas, Ninive s'est convertie.... et cette ville infidelle, condamnée à être détruite au bout de quarante jours, fut conservée.

Il n'y a point de Français, point d'homme qui n'ait un intérêt direct aux admonitions de l'Envoyé du Ciel ; toutefois on pourra y reconnaître quel est en France aux yeux de Dieu l'ordre de la société. Le lecteur est prié néanmoins de se dégager d'abord de toute espèce de crainte ou de désir, de préjugé ou de préoccupation ; nous le supplions même de perdre de vue cette préface et de lire avec simplicité. Nous ferons seulement observer qu'il est notoire que Thomas Martin était en 1816, comme il

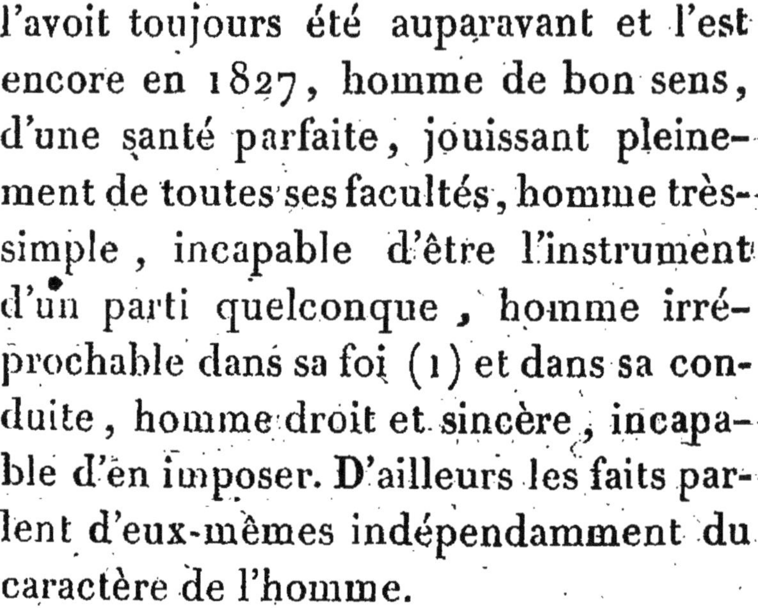

l'avoit toujours été auparavant et l'est encore en 1827, homme de bon sens, d'une santé parfaite, jouissant pleinement de toutes ses facultés, homme très-simple, incapable d'être l'instrument d'un parti quelconque, homme irréprochable dans sa foi (1) et dans sa conduite, homme droit et sincère, incapable d'en imposer. D'ailleurs les faits parlent d'eux-mêmes indépendamment du caractère de l'homme.

Des chrétiens ne sauroient considérer comme sinistres les avis destinés par Dieu même à sauver la France; Dieu est plus fort que les hommes, et l'éternelle vérité n'est redoutable qu'aux hommes orgueilleux ou timides qui osent lui résister; il n'appartient qu'aux insensés de la dédaigner jusqu'à ce qu'elle les accable.

(1) Martin professe, en toute simplicité et sans restriction aucune, la Religion de Jésus-Christ, une, sainte, catholique, apostolique et romaine.

Nota. *L'Avertissement ci-après appartient à la Relation qui le suit.*

AVERTISSEMENT.

Depuis quelques mois l'on voit se répandre dans Paris et dans les provinces, tant de relations particulières sur l'événement qui concerne le sieur Martin, laboureur au bourg de Gallardon, près Chartres, qu'on a cru qu'il serait agréable au public de voir rassemblé dans une seule narration ce qu'il ne pourrait trouver qu'avec peine dans les divers écrits qui ont été faits sur ce sujet. La présente relation est donc, à proprement parler, la réunion et la concordance de plusieurs autres, dont on a fait un tout en les refondant ensemble. L'on y a joint encore différens traits intéressants que plusieurs personnes ont recueillis de la bouche même du sieur Martin. Du reste, les plus grandes précautions ont été employées pour ne rien avancer qui ne soit fondé sur des motifs puissants de crédibilité. L'on n'a plaint ni les recherches, ni les voyages, ni les courses, ni les informations auprès de toutes les personnes capables de donner, sur un événement de cette importance, de très-exacts renseignements. Enfin, le lecteur peut être assuré qu'il n'y a point ici de fait un peu capital dont n'aient eu communication les autorités supérieures, par lesquelles cette affaire a passé successivement.

L'on n'avait d'abord osé se flatter de pouvoir faire usage du rapport qu'ont fait sur Thomas Martin deux des plus célèbres médecins à Son Excellence le Ministre de la police; mais on a su, il y a quelques semaines, que ce rapport était, pour ainsi dire, entre les mains de tout le monde, sans doute par la facilité ou la légèreté de quelque copiste. Bien plus, le *Journal général de France* vient d'y prendre la matière d'un article inséré dans sa feuille du 20 janvier 1817. L'on a donc cru pouvoir en extraire aussi un petit nombre de faits, d'après une copie qu'on s'en est procurée assez récemment. Tout le reste de cette relation est fondé sur d'autres documents non moins dignes de foi. Ce qu'on a tiré principalement du rapport des médecins consiste en observations fort judicieuses, et qui mettent dans le plus grand jour la parfaite sincérité du bon habitant de Gallardon. Plusieurs sont analogues aux vues que présentent les réflexions qui terminent cet écrit (1); cependant l'on

(1) Ces réflexions sont retranchées de la présente édition, ainsi qu'un petit nombre de commentaires qui se trouvaient au bas de quelques pages de la relation même. Les faits, dégagés de tout raisonnement, suffiront au lecteur.

a cru ne pas devoir les confondre les unes avec les autres, d'une part, afin de ne pas donner pour sa propre production ce qui porte si bien la touche d'une personne de l'art; de l'autre aussi, afin que les esprits divers se pénètrent davantage de l'importance d'un événement qui réunit, dans les mêmes vues, des personnes d'états différents, et qui ont mis leurs soins à bien l'approfondir chacune séparément et à leur manière. Les relations manuscrites qui en ont couru dans le public ont déjà produit quelques fruits de bénédiction et de grâce dans des cœurs droits, fidèles et dociles à la voix de Dieu qui s'est fait entendre. Puissent ces fruits se multiplier au centuple parmi toutes les classes du peuple chrétien!

RELATION

CONCERNANT

LES ÉVÉNEMENTS

QUI SONT ARRIVÉS

A UN LABOUREUR DE LA BEAUCE

DANS LES PREMIERS MOIS DE 1816.

CHAPITRE PREMIER.

Des diverses apparitions et événements qui sont arrivés au sicur Thomas-Ignace MARTIN, depuis le 15 janvier 1816 jusqu'au jour où il a comparu à Chartres devant M. le Préfet d'Eure-et-Loir.

Le 15 janvier 1816, sur les deux heures et demie après midi, un petit laboureur du bourg de Gallardon, à quatre lieues de Chartres, nommé Thomas-Ignace Martin, était dans son champ, occupé à étendre du fumier en pays plat et terrain uni (1), quand,

(1) Cette apparition, la première de toutes, est ar-

sans avoir vu arriver personne, se présente devant lui un homme de cinq pieds un ou deux pouces, mince de corps, le visage effilé, délicat et très-blanc, vêtu d'une lévite ou redingote de couleur *blonde*, totalement fermée et pendante jusqu'aux pieds, ayant des souliers attachés avec des cordons, et sur la tête un chapeau rond à haute forme. Cet homme dit à Martin : *Il faut que vous alliez trouver le Roi, que vous lui disiez que sa personne est en danger, ainsi que celle des Princes ; que de mauvaises gens tentent encore de renverser le gouvernement ; que plusieurs écrits ou lettres ont déjà circulé dans quelques provinces de ses États à ce sujet ; qu'il faut qu'il fasse faire une police exacte et générale dans tous ses États, et surtout dans la capitale : qu'il faut aussi qu'il relève le jour du Seigneur, afin qu'on le sanctifie ; que ce saint jour est méconnu par*

rivée à trois quarts de lieue de Gallardon, dans un canton fort désert, appelé le *Chantier des Longs-Champs*.

une grande partie de son peuple; qu'il faut qu'il fasse cesser les travaux publics ces jours-là; qu'il fasse ordonner des prières publiques pour la conversion du peuple; qu'il l'excite à la pénitence; qu'il abolisse et anéantisse tous les désordres qui se commettent dans les jours qui précèdent la sainte quarantaine: sinon toutes ces choses, la France tombera dans de nouveaux malheurs.

Le personnage qui s'adressait à Martin semblait alors, en lui parlant, rester à la même place; mais il faisait des gestes analogues à ses paroles, et le son de sa voix n'avait rien que de fort doux.

Martin, un peu surpris d'une apparition si subite, lui répondit d'abord dans son langage : « Mais vous pouvez bien » en aller trouver d'autres que moi » pour faire une commission comme ça. » *Non*, lui répliqua l'inconnu, *c'est vous qui irez.* « Mais, reprit Martin, puisque « vous en savez si long, vous pouvez bien » aller trouver vous-même le Roi et

» lui dire tout cela; pourquoi vous » adressez-vous à un pauvre homme » comme moi qui ne sait pas s'expli- » quer? » *Ce n'est pas moi qui irai*, lui dit l'inconnu, *ce sera vous ; faites attention à ce que je vous dis ! et vous ferez tout ce que je vous commande.*

Après ces paroles, Martin le vit disparaître à-peu-près de cette sorte : ses pieds parurent s'élever de terre, sa tête s'abaisser, et son corps, se rapetissant, finit par s'évanouir à la hauteur de la ceinture, comme s'il eût fondu en l'air. Martin, plus effrayé de cette manière de disparaître que de l'apparition subite, voulut s'en aller; mais il ne le put : il resta comme malgré lui, et s'étant remis à l'ouvrage, sa tâche, qui devait durer deux heures et demie, ne dura qu'une heure et demie, ce qui redoubla son étonnement.

De retour à Gallardon, Martin fit part aussitôt à son frère de ce qui venait de lui arriver, et tous deux vinrent trouver M. le Curé pour savoir ce que voulait dire un événement aussi singulier. M. le Curé essaya de les rassurer en rejetant sur l'imagination de Martin tout ce qu'il venait de lui raconter : il lui dit de continuer ses travaux comme à l'ordinaire, de manger, boire et bien dormir ; mais il ne put guère le dissuader, et Martin assurait toujours qu'il savait fort bien ce qui en était.

Le 18 janvier, sur les six heures du soir, Martin étant descendu dans sa cave pour chercher des pommes à cuire, la même personne lui apparut debout, à côté de lui, pendant qu'il était à genoux, occupé à en ramasser : Martin, épouvanté, laisse là sa chandelle et s'enfuit.

Le samedi, 20 janvier, Martin était sorti sur les cinq heures du soir pour aller dans une foulerie (endroit où on fait le vin) prendre du fourrage pour ses chevaux ; au moment où il était près d'entrer dans ce lieu, l'inconnu s'offrit devant lui sur le seuil de la porte : Martin, l'apercevant, s'enfuit à l'instant même (1).

Le dimanche suivant, 21 janvier, Martin entrait dans l'église à l'heure de vêpres ; comme il prenait de l'eau bénite, il aperçut l'inconnu qui en prenait aussi, et qui le suivit jusqu'à son banc : cependant il n'y entra pas, mais il demeura à la porte du banc, ayant l'air très-recueilli durant toutes les vêpres et le chapelet. Pendant le temps de l'office l'inconnu n'avait point de chapeau ni sur sa tête ni dans ses mains : étant sorti avec Martin, celui-ci l'aperçut ayant son chapeau sur la tête, et il suivit Martin jusqu'à sa maison. Comme il était entré sous la porte charretière, l'inconnu, qui jusque-là avait marché à ses côtés, se trouva tout-à-coup devant lui face à face, et lui dit : *Acquittez-vous de votre commission, et faites ce que je vous dis :*

(1) Cette grande frayeur de Martin aux premières apparitions diminua peu-à-peu lorsqu'il fut habitué à voir le personnage dont il s'agit : il n'y avait plus que sa disparition subite qui lui causât toujours de l'étonnement.

vous ne serez pas tranquille tant que votre commission ne sera pas faite. A peine eut-il prononcé ces paroles, qu'il disparut, sans que Martin, ni cette fois, ni aux apparitions suivantes, l'ait vu s'évanouir de la même manière que la première fois. Martin demanda aux personnes de sa famille qui étaient venues à vêpres avec lui, si elles n'avaient rien vu ou entendu de ce qui s'était passé à côté de lui; toutes affirmèrent qu'elles n'avaient rien vu ni entendu.

Cependant, le 24 janvier, M. le Curé dit une messe du Saint-Esprit pour demander à Dieu d'éclairer son paroissien et de l'instruire sur la vérité de ce qu'il voyait. Martin avait lui-même demandé cette messe; il y assista lui et toute sa famille. Au retour de la messe, Martin monta dans son grenier chercher du blé pour le marché; en ce moment l'inconnu lui dit d'un ton ferme: *Fais ce que je te commande, il est temps.* C'est la seule fois que celui dont il ignorait encore le nom, l'ait tutoyé.

Monsieur le Curé de Gallardon, à qui Martin rendait fidèlement compte de ses apparitions, avait écrit jusque-là toutes ces choses; mais enfin, voyant que Martin entrait dans un état d'agitation et d'inquiétude qui lui ôtait le sommeil et l'appétit, il crut devoir lui déclarer qu'il ne pouvait être juge en pareille matière, et il l'envoya à son Évêque (celui de Versailles). Martin accepta volontiers une lettre de M. le Curé, adressée à Monseigneur, espérant par là, disait-il, *se débarrasser de ses tourmentes*. Il partit le vendredi 26, et se présenta le lendemain devant son Évêque. Monseigneur, ayant appris son nom, lui fit diverses questions sur ce qu'il voyait et entendait; ensuite il le chargea de demander à l'inconnu, de sa part, s'il le revoyait, son nom, qui il était, et par qui il était envoyé; lui recommandant d'être exact à dire le tout à son Curé, qui lui en ferait part. Après cet interrogatoire, Mgr. l'Évêque renvoya Martin, lequel revint à Gallardon. Il avait fait le voyage de Versailles très-paisiblement; il dit même qu'il avait bien dormi et mangé de bon appétit, ce qui ne lui était pas arrivé depuis plus d'une semaine; en un mot il croyait être délivré pour toujours de ces apparitions fatigantes et importunes : elles l'avaient en effet molesté au point qu'il lui vint en idée qu'on lui avait donné un maléfice, et il disait à M. le Curé : « Je n'ai pourtant » jamais fait de mal à personne pour » qu'on m'ait donné cela. »

Quelques jours après le retour de Martin à Gallardon, M. le Curé reçut une lettre de son Évêque, par laquelle il lui témoignait que l'homme qu'il lui avait envoyé paraissait avoir de grandes lumières sur l'objet important dont il était question, et qu'il lui avait prescrit la manière dont il devait se comporter par la suite. Dès ce moment, s'établit une correspondance suivie entre l'Évêque de Versailles et le Curé de Gallardon; celui-ci envoyait par date de jour les rapports circonstanciés que lui faisait Martin des nouvelles apparitions qui lui arrivaient, et dont on va parler. De son côté, Monseigneur, à cause de la gravité de la première apparition, crut devoir en faire, peu de temps après, une affaire ministérielle et de police; en conséquence il envoyait chaque rapport qu'il recevait de M. le Curé, au Ministre de la police générale.

Le mardi 30 janvier, l'inconnu apparut de nouveau à Martin, et lui dit : *Votre commission est bien commencée, mais ceux qui l'ont entre les mains ne s'en occupent pas ; j'étais présent, quoique invisible, quand vous avez fait votre déclaration : il vous a été dit de me demander mon nom, et de quelle part je venais ; mon nom restera inconnu : je viens de la part de celui qui m'a envoyé, et celui qui m'a envoyé est au-dessus de moi* (en montrant le Ciel). Martin répliqua : « Comment vous adressez-» vous toujours à moi pour une com-» mission comme celle-là, moi qui ne

» suis qu'un paysan ? Il y a tant de » gens d'esprit ! » *C'est pour abattre l'orgueil*, répondit l'inconnu (avec un geste de la main vers la terre) ; *pour vous*, ajouta-t-il, *il ne faut pas prendre d'orgueil de ce que vous avez vu et entendu ; pratiquez la vertu, assistez à tous les offices qui se font à votre paroisse les dimanches et les fêtes, évitez les cabarets et les mauvaises compagnies où se commettent toutes sortes d'impuretés et où se tiennent toutes sortes de mauvais discours* ; il lui dit aussi : *ne faites aucun charrois les jours de dimanches et de fêtes.*

Durant le mois de février, l'inconnu apparut encore différentes fois à Martin (1) ; il lui dit un jour : *Mon ami, on met bien de la lenteur dans ce que j'ai commandé ; voilà pourtant le temps de la pénitence et de la réconciliation qui ap-*

(1) M. le Curé a fait sur les apparitions arrivées en janvier, février et aux premiers jours de mars, plusieurs rapports, savoir : le 31 janvier, et les 14, 21, 24 février, 2 et 5 mars 1816.

proche. Il ne faut pas croire que c'est par la volonté des hommes que l'usurpateur est venu l'an passé : c'était pour châtier la France.... Toute la Famille royale avait fait des prières pour rentrer dans sa légitime possession; mais une fois revenue, elle a pour ainsi dire tout oublié. Après le second exil, elle a encore fait des vœux et des prières pour recouvrer ses droits, mais elle retombe dans le même penchant (1). « Comment donc, répondit Martin, venez-vous toujours me » tourmenter pour une affaire comme » ça? L'inconnu répliqua : *Persistez, ô mon ami! et vous parviendrez.* Une autre fois, il lui dit en le pressant de faire sa commission : *Vous paraîtrez devant l'incrédulité, et vous la confondrez : j'ai encore autre chose à vous dire qui les convaincra, et ils n'auront rien à répondre.* Il l'incita encore un

(1) Martin, en rapportant ceci à M. le Curé, lui demanda ce que c'était qu'un *penchant*.

Le lecteur voudra bien se rappeler ici la messe solennelle d'actions de grâces qui a été célébrée depuis l'entretien du Roi avec Martin.

jour par ces paroles : *Pressez votre commission, on ne fait rien de tout ce que je vous ai dit ; ceux qui ont l'affaire en main sont enivrés d'orgueil : la France est dans un état de délire ; elle sera livrée à toutes sortes de malheurs.* Dans une autre apparition, il lui fit cette annonce : *Si on ne fait pas ce que j'ai dit, la majeure partie du peuple périra, la France sera livrée en proie et en opprobre à toutes les nations ; vous leur annoncerez aussi en quel temps la France pourra rentrer en paix ; ces choses, je vous les dirai quand il en sera temps.* Enfin, un autre jour, l'inconnu dit de nouveau à Martin : *Vous irez trouver le Roi ; vous lui direz ce que je vous ai annoncé ; il pourra admettre avec lui son frère et ses fils.* En même temps, il l'avertit *qu'il serait conduit devant le Roi, qu'il lui découvrirait des choses secrètes du temps de son exil, mais que la connaissance ne lui en serait donnée qu'au moment où il serait introduit en sa présence.*

Toutes ces apparitions et ces annonces fatiguaient beaucoup Martin; il s'imagina donc qu'il pourrait y mettre fin en quittant le pays, et s'en allant seul, comme il l'a dit, aussi loin qu'il pourrait aller, sans faire réflexion qu'il avait une femme et des enfants. Comme il n'avait pas encore tout-à-fait rejeté ces pensées, dont il ne s'était ouvert à personne, l'inconnu se présenta devant lui dans sa grange, où il était à battre son blé : *Vous aviez formé*, lui dit-il, *le dessein de partir; mais vous n'auriez pas été loin; il faut que vous fassiez ce qui vous est annoncé*; et après ces mots il disparut.

Le samedi 24 février, Martin était à labourer; l'inconnu se présenta et lui dit : *Allez trouver votre pasteur et pressez votre affaire.* Cependant Martin restait à son ouvrage; moins d'une heure après, l'inconnu lui apparut de nouveau et lui dit : *Dételez et partez pour vous acquitter de ce qui vous est commandé.* Il détela aussitôt ses chevaux, retourna à sa maison, et vint de suite chez M. le

Curé avec son frère. Sur son rapport, M. le Curé mit en écrit ce qui venait d'arriver.

Le 2 mars, nouvelle apparition : *Allez*, dit l'inconnu à Martin, *vous acquitter de votre commission ; que votre pasteur aille à Chartres, qu'il fasse assembler le Conseil ecclésiastique ; qu'il soit nommé une députation qui se rendra auprès du supérieur. Il la multipliera et saura où l'envoyer ; si l'on veut encore résister à ces choses, vous leur annoncerez la prochaine destruction de la France : il arrivera le plus terrible des fléaux, qui rendra le peuple de France en horreur à toutes les nations.*

Martin vint faire rapport de cette apparition à M. le Curé, qui lui dit : Le Conseil de Chartres n'a de pouvoir que celui qu'il tient de M. l'Évêque ; puisque j'ai commencé avec lui, je continuerai, et c'est à lui-même que je vais faire encore ce rapport. Martin, interrogé à cette occasion s'il savait qu'il y eût à

Chartres un Conseil ecclésiastique, répondit qu'il n'en savait rien.

Sur ces entrefaites, le Préfet d'Eure-et-Loir, résidant à Chartres, reçut une lettre du Ministre de la police générale. Le Ministre invitait M. le Préfet à vérifier « si ces apparitions données comme » miraculeuses, n'étaient pas plutôt un » jeu de l'imagination de Martin, une » véritable illusion de son esprit exalté; » ou si enfin le prétendu envoyé, et » peut-être Martin lui-même, ne de- » vaient pas être sévèrement examinés » par la police et ensuite livrés aux » tribunaux. »

M. le comte de Breteuil, Préfet d'Eure-et-Loir, pour ne pas effrayer Martin, l'invita par une lettre à passer à la Préfecture, ayant à lui communiquer quelque chose qui l'intéressait. En même temps il écrivit à M. le Curé de Gallardon pour l'engager d'accompagner son paroissien dans le voyage.

Le 5 mars, à cinq heures du soir,

l'inconnu apparut à Martin, et lui dit : *Vous allez bientôt paraître devant le premier magistrat de votre arrondissement; il faut que vous rapportiez les choses comme elles vous sont annoncées ; il ne faut avoir égard ni à la qualité ni à la dignité.*

Le 6 mars, M. le Curé et Martin se rendirent à Chartres chez M. le Préfet. M. le Curé fut introduit le premier, et interrogé séparément; il eut trois quarts d'heure d'entretien avec M. le Préfet, auquel il rapporta les événements comme il les avait écrits, jour par jour, d'après les rapports que Martin lui en avait faits; il répondit aussi aux objections que lui fit M. le Préfet : Au surplus, lui dit-il, il ne s'agit que de l'entendre, vous saurez par lui-même ce qui en est. M. le Préfet fit donc entrer Martin, qui resta seul avec lui plus d'une heure. Martin, fort naïvement, et sans être en rien embarrassé, lui raconta tout ce qui lui était arrivé depuis le 15 janvier jusqu'à ce jour; il en détailla toutes les circonstances, et soutint son dire avec fermeté; il ajouta que celui qu'il appelait alors un fantôme s'était servi plusieurs fois d'expressions que lui, Martin, ne connaissait pas, et par deux fois il en avait demandé l'explication à son frère. Le Préfet a envoyé pour vérifier ce fait, et la réponse qu'il a reçue s'est trouvée conforme à la déclaration de Martin.

Cependant, frappé de la contenance du bon villageois, de son assurance, de sa naïveté, plus encore que du fond de sa narration, M. le Préfet le fit sortir pour quelque temps; et, prenant à part M. le Curé, il lui témoigna toute sa surprise, le pressant plusieurs fois et avec instance de lui dire ce qu'il pensait de tous ces faits si extraordinaires. Sur quoi, M. le Curé, ne jugeant pas qu'il convînt de se déclarer le premier, se contenta de lui répondre : Monsieur, écrivez-en à M. l'Évêque; il sait l'affaire aussi bien que nous, puisque je lui en ai fait des rapports journaliers; demandez-lui ce qu'il en pense. Oui, répartit le Préfet, je lui écrirai; mais je vais envoyer Martin au Ministre : car il faut qu'il le voie et qu'il l'entende lui-même. De suite il fit rentrer Martin, et lui dit devant M. le Curé : Mais si je vous mettais dans les entraves et en prison pour faire de pareilles annonces, continueriez-vous à dire ce que vous dites? « Comme vous voudrez, répondit Martin » sans paraître effrayé; mais je ne puis » que dire la vérité. » Mais, poursuivit M. le Préfet, si vous paraissiez devant une autorité supérieure à la mienne, par exemple, devant le Ministre, répéteriez-vous, soutiendriez-vous ce que vous venez de me dire? « Oui, Monsieur, et devant le Roi lui-même, » répliqua Martin, sans émotion, mais avec fermeté. A ces mots la surprise du Préfet redoubla; il le témoigna par signe à M. le Curé, et ayant fait sortir Martin: Je me détermine à l'envoyer au Ministre, dit-il au Curé; vous allez faire un certificat de lui tel que vous le connaissez, et je le joindrai à une lettre pour le Ministre.

Peu après Martin étant revenu sur l'ordre du Préfet : Avez-vous déjà été à Paris ? lui dit-il. Non, Monsieur, répondit Martin, je n'y ai jamais été. Eh bien, vous allez y aller avec quelqu'un qui vous y conduira. Cette annonce, bien loin d'affliger Martin, parut être l'objet de ses désirs ; il crut trouver dans ce voyage le moyen d'atteindre son but et de remplir ce qu'il nommait *sa mission*.

CHAPITRE II.

Voyage du sieur Martin à Paris ; sa comparution devant le Ministre de la police ; diverses particularités à son sujet durant son séjour rue Montmartre.

Le jeudi 7 mars, à cinq heures du matin, Martin partit de Chartres par la diligence, escorté de M. André, lieutenant de gendarmerie. Ils arrivèrent sur les onze heures à Rambouillet, pour le dîner, et se mirent à table d'hôte avec les autres voyageurs ; mais Martin dit :

« C'est le carême, je ne mangerai pas » de viande ; » et il ne prit que du maigre. Arrivés à Paris, sur les cinq heures et demie, ils descendirent rue Montmartre, et prirent leur logement même rue, hôtel de Calais, dans une chambre au second à deux lits.

Le lendemain, vendredi 8 mars, Martin fut conduit par M. André à l'hôtel de la police générale, où ils entrèrent à neuf heures du matin. Comme ils se trouvaient dans la cour de l'hôtel, l'inconnu se présenta devant Martin, sans que son compagnon, qui était à quelque distance, vît ou entendît rien. *Vous allez*, lui dit-il, *être interrogé de plusieurs manières ; n'ayez ni crainte ni inquiétudes, mais dites les choses comme elles sont.* Après ces mots il disparut. Le Ministre n'était point encore levé ; il donna ordre qu'en attendant on interrogeât Martin, qui fut conduit auprès d'un secrétaire : celui-ci entreprit Martin, et lui demanda ce qu'il avait vu à telle et telle époque jusqu'à ce moment. « Vous pouvez le

» savoir, lui dit Martin, vous avez vu » les écrits ; » et en effet, le secrétaire les avait encore devant lui. Il l'interrogea sur plusieurs points durant l'espace d'une demi-heure. Quel âge avez-vous? dit-il à Martin; que faites-vous à Gallardon? quel âge a le Curé de Gallardon? y a-t-il long-temps qu'il y est? est-il riche? a-t-il beaucoup de revenus? pourquoi vous êtes-vous adressé à lui? pourquoi n'avez-vous pas été trouver votre Maire? Sur ces points et sur plusieurs autres, Martin répondit avec précision et avec beaucoup de présence d'esprit. Il dit au secrétaire : « Je ne » sais pas si M. le Curé de Gallardon est » bien riche, je n'ai pas compté avec » lui ; il ne me paraît pas mal à son aise. » (Et parlant de son maire) Pourquoi » voulez-vous, dit-il, que j'aille trouver » quelqu'un qui n'en sait pas plus que » moi? J'ai été trouver M. le Curé pour » savoir qu'est-ce qu'une affaire comme » ça pouvait dire ; et encore, la première » fois que nous y avons été, moi et mon

» frère, il n'a pas voulu nous croire, et » nous a dit seulement que si cela reve» nait encore, je vienne le lui dire. »

Ensuite de ce premier interrogatoire, un autre secrétaire qui était présent, fit approcher Martin, lui fit à-peu-près les mêmes questions, et le tourna de tous sens pour le faire couper. Martin répondit à tout nettement, sans se démonter; les secrétaires se retirèrent, et Martin reconnut alors la vérité de ce qui lui avait été dit : *Vous confondrez l'incrédulité, et ils n'auront rien à vous répondre.*

Après les secrétaires, le Ministre fit entrer Martin dans son cabinet, où il le tint pendant trois quarts-d'heure, et le retourna de nouveau de tous sens sur ce qu'il avait vu, entendu et fait écrire par M. le Curé. Il prit aussi le ton d'autorité qu'il crut le plus propre à imposer à ce simple campagnard; mais il ne put déconcerter Martin, qui lui répondit fort exactement et sans témoigner en aucune sorte être ému par toutes ses questions.

Le Ministre voulut encore le sonder pour savoir si quelque intérêt n'était pas le principe de ses démarches ; sur quoi Martin lui répondit : « Ce n'est pas de » l'argent que je veux ; il faut que j'aille » parler au Roi, et que je lui dise ce » qui m'est annoncé ; ça m'a toujours » été recommandé, et je ne serai pas » tranquille tant que ma commission ne » sera pas faite. Les richesses ne peuvent » aller avec la vertu ; il ne faut de ri- » chesses que pour la vie ; Monseigneur, » l'orgueil et la vertu peuvent-ils aller » ensemble ? Celui qui pratique la vertu » est l'ami de Dieu, et celui qui est dans » l'orgueil est l'ami des démons et des » réprouvés. »

Mais, lui dit le Ministre, vous voulez aller parler au Roi ; c'est une chose qui n'est pas possible ; moi-même je ne puis y aller que d'après un ordre par écrit. « Je ne sais pas tout cela, répliqua

» Martin, mais il m'a toujours été dit
» qu'il fallait que j'aille au Roi, et que
» j'y parviendrais. »

Ensuite, revenant au personnage dont Martin rapportait les ordres, et les annonces, le Ministre lui demanda comment l'homme qui lui apparaissait était habillé? quelle taille il avait? quelle figure? s'il paraissait âgé? Martin lui répondit : « Tout cela est dans les écrits,
» mais je vais vous le dire encore, puis-
» que je le voyais comme je vous vois :
» il était habillé d'une redingote blonde,
» qui était boutonnée jusque sous le
» cou, et pendante jusque sur ses pieds;
» il avait des souliers noués avec des
» cordons, et un chapeau rond à haute
» forme sur la tête; il a un peu plus de
» cinq pieds, une figure blanche et
» mince; il est aussi bien mince de
» corps; il ne paraît pas âgé, et même
» il vient encore de m'apparaître, comme
» nous entrions dans votre cour, dans
» la même forme que je l'ai toujours
» vu; il m'a dit que je n'aie aucune

» crainte de paraître devant ceux qui » étaient pour m'interroger. » Eh bien, lui dit le Ministre, vous ne le verrez plus, car je viens de le faire arrêter et conduire en prison. « Eh! comment, re» partit Martin, avez-vous fait pour le » faire arrêter, puisqu'il disparaît tout » de suite comme un éclair? » S'il disparaît pour vous, reprit le Ministre, il ne disparaît pas pour tout le monde. Et s'adressant à un de ses secrétaires : Allez voir, lui ordonna-t-il, si cet homme que j'ai dit qu'on mette en prison y est encore. Quelques instants après, le secrétaire revint et fit cette réponse : Monseigneur, il y est toujours. « Eh » bien, dit alors Martin, si vous l'avez » fait mettre en prison, vous me le mon» trerez et je le reconnaîtrai bien ; je » l'ai vu assez de fois pour cela. »

Après ces interrogatoires, se présente un homme qui visite avec soin la tête de Martin, en lui écartant les cheveux à droite et à gauche ; le Ministre les tourne et retourne de même (sans doute pour examiner s'il ne portait pas quelque signe indicateur de la folie), à quoi Martin se contentait de dire : « Regardez tant que vous voudrez, je n'ai jamais eu de mal de ma vie. »

Enfin, le Ministre le congédie : Allez-vous-en déjeûner, lui dit-il. Martin descend à la cuisine, où on lui sert un morceau de rôti : « Moi, dit-il, je ne mange point de viande en carême, encore justement que c'est aujourd'hui le vendredi des quatre-temps. » On lui accommoda des œufs, qu'il mangea de bon appétit, comme n'étant nullement ému de la scène qui venait de se passer.

Pendant ce temps, M. André resta avec le Ministre, qui lui recommanda de surveiller Martin de près, de l'examiner, de bien écouter tout ce qu'il lui dirait, et de lui en faire incontinent son rapport. M. André ne manqua pas, tout le temps qu'il eut Martin sous sa garde, c'est-à-dire du 9 au 13 mars, d'aller à la police, de nuit comme de jour, à chaque rapport que Martin venait de lui faire. Revenus ensemble à l'hôtel de Calais, M. André laissa Martin tout seul jusqu'à dix heures du soir, tant il craignait peu qu'il lui échappât. Au retour de M. André, quand ils furent montés ensemble, Martin l'interpella ainsi : « Mais le Ministre m'avait dit qu'il avait » fait mettre en prison l'homme qui » m'apparaissait ? Il l'a donc relâché, » puisqu'il m'a apparu depuis et qu'il » m'a dit : Vous avez été questionné » aujourd'hui, mais on ne veut pas faire » ce que j'ai dit : celui que vous avez » vu ce matin a voulu vous faire croire » qu'on m'avait fait arrêter; vous pou- » vez lui dire qu'il n'a aucun pouvoir » sur moi, et qu'il est grand temps que » le Roi soit averti. » A l'instant même M. André va faire son rapport à la police, tandis que Martin, sans inquiétude, se couche et s'endort paisiblement : le retour même de M. André ne fut pas capable de le réveiller ; mais le lendemain, il dit à Martin : J'ai trouvé le Ministre couché, cependant mon rapport est fait.

Le samedi 9, Martin s'étant levé, descendit peu après de sa chambre pour demander les bottes du lieutenant; comme il remontait, l'inconnu se présenta devant lui au milieu de l'escalier, et lui parla de la sorte : *Vous allez avoir la visite d'un docteur, qui vient voir si vous êtes frappé d'imagination, si vous avez perdu la tête; mais ceux qui vous l'envoient sont plus fous que vous.* Rentré dans sa chambre, Martin raconta ceci à M. André, qui lui répondit : Je ne sais pas ce que vous allez voir. M. André sortit sur les deux heures après midi.

Ce jour-là même, sur les trois heures, un homme bien mis vint à l'hôtel de Calais demander à parler à M. André : c'était M. Pinel, médecin très-renommé pour les maladies mentales ou de folie. Comme M. André était absent, on l'adressa directement à son compagnon de voyage, qui se trouvait en bas, et avec qui M. Pinel lia bientôt conversation.

Martin ayant conduit dans sa chambre M. Pinel : Vous êtes donc, lui dit le docteur, venu de Chartres avec M. André? — Oui. — Vous êtes donc de connaissance avec M. André? — Non : avant de venir ici je ne le connaissais pas : c'est M. le Préfet qui l'a envoyé avec moi. — Comment donc M. le Préfet vous envoie-t-il comme ça à Paris? — M. le Préfet m'envoie à Paris pour parler au Ministre. — Ah ! *diable*, vous allez parler au Ministre, vous? — Je ne suis pas à le voir, je l'ai vu hier. — Ah ! *diable*, vous avez vu le Ministre? — « Oui, je l'ai vu hier ; et vous, pourquoi » venez-vous me questionner? Il m'a été » dit ce matin qu'il viendrait un docteur » me visiter ; je ne sais pas ce que c'est » qu'un docteur, mais je pense bien » que c'est vous qui êtes le docteur ; » vous venez voir si je suis frappé d'i- » magination, si j'ai perdu la tête ; mais » il m'a été dit que ceux qui vous en- » voient sont plus fous que moi. » Sur ces entrefaites, M. André vint à l'hôtel de Calais, et le docteur Pinel s'entretint avec lui en l'absence de Martin, qui alla prendre son repas. En descendant, M. Pinel lui dit : l'appétit va-t-il bien? Martin répondit : « Ça ne manque pas par-là. »

Après cette visite du docteur, sur les cinq heures et demie du soir, Martin était seul dans sa chambre, l'inconnu se présente à ses yeux et lui dit encore : *Il faut que vous alliez parler au Roi ; quand vous serez en sa présence, je vous inspirerai ce que vous aurez à lui dire : je me sers de vous pour abattre l'orgueil et l'incrédulité. Si vous ne parvenez pas à ce but....* (c'est-à-dire à parler au Roi pour qu'il fasse en sorte d'y remédier, *la France est perdue.......... On tâche d'écarter l'affaire, mais elle se découvrira par une autre voie* (1).

Le dimanche 10 mars, au matin, entre sept et huit heures, Martin était

(1) Les documents qu'on a reçus demeurent incomplets quant à la fin de cette annonce.

encore dans sa chambre tout seul; l'inconnu lui apparut et lui parla ainsi : *Je vous avais dit que mon nom resterait inconnu; mais puisque l'incrédulité est si grande, il faut que je vous découvre mon nom : Je suis l'Archange Raphaël, Ange très-célèbre auprès de Dieu; j'ai reçu le pouvoir de frapper la France de toutes sortes de plaies.* A ces mots, Martin, comme il l'a avoué depuis à M. le Curé, fut saisi de frayeur et éprouva une sorte de crispation. L'Ange lui annonça encore què la paix ne serait rendue à la France qu'après l'an 1840. Martin, ainsi qu'il avait coutume, rendit compte à M. André de cette frappante apparition. Quelques heures après, ils sortirent ensemble, et M. André, ayant fait rencontre d'un de ses amis, s'entretint avec lui l'espace d'une heure.

Le lendemain matin, sur les 7 heures, nouvelle apparition, dans laquelle l'Ange lui dit : *Ceux qui étaient hier avec vous se sont entretenus de vous; vous n'enten-*

diez pas leur langage (ils avaient parlé en anglais) ; *mais ils ont dit que vous veniez pour parler au Roi, et l'un a dit à l'autre que quand il serait retourné dans son pays, il lui donnât de ses nouvelles, pour savoir comment la chose se serait passée.* Au retour de M. André, Martin lui rapporta ceci, sur quoi le lieutenant lui dit : Puisqu'il vient ainsi vous visiter, faites-le-moi donc voir la première fois qu'il viendra.

Le même jour, 11 mars, et deux heures après, Martin reçut encore, en l'absence de M. André, l'ordre d'aller parler au Roi : *Au moment*, lui dit l'Ange, *que vous serez devant lui, on vous inspirera ce que vous aurez à lui révéler. Le Roi est entouré de gens qui le trahissent, et on le trahira encore. Il s'est sauvé un homme des prisons ; on a fait accroire au Roi que c'était par finesse et par l'effet du hasard ; mais la chose n'était point telle : elle a été préméditée ; ceux qui auraient dû mettre à sa poursuite ont négligé les moyens ; ils y ont mis beau-*

coup de lenteur et de négligence ; ils l'ont fait poursuivre quand il n'était plus possible de l'atteindre.

Martin a rapporté dans la suite cette particularité à un officier supérieur qui vint le voir à Charenton, et cet officier dit tout bas, mais de manière à être entendu du seul Directeur : C'est Lavalette. En quittant Martin, cette fois, l'Ange lui dit : *Vous allez avoir encore aujourd'hui la visite du même Docteur ;* et il disparut.

Le soir, sur les quatre heures et demie, le Docteur arriva comme il était à dîner. Martin remonte avec lui dans sa chambre, où se rend aussi M. André, qui rentrait dans le même moment. Le Docteur inspecte Martin, lui tâte le pouls ; mais Martin lui dit : « Il vient encore » de m'être annoncé qu'il faut que je » parle au Roi, que je fasse ma com- » mission, que tant qu'elle ne sera pas » faite je ne serai pas tranquille. Il » m'avait été dit que vous viendriez me » revoir aujourd'hui ; mais parce que

» vous tardiez, je pensais qu'on m'avait » trompé. » Le Docteur lui répond : Ce ne sera rien que cela, nous ferons passer cette maladie-là. « Moi, dit Martin, je » je ne suis pas malade, puisque je bois, » que je mange bien et dors de même. » Assurément, il dort bien, témoigne M. André, car je ne dors pas toute la nuit, et je l'entends ronfler.

Le mardi 12 mars, sur les sept heures du matin, comme Martin finissait de s'habiller, l'Ange se montra près de la fenêtre, et lui parla ainsi : *On ne veut rien faire de ce que je dis ; plusieurs villes de France seront détruites ; il n'y restera pas pierre sur pierre : la France sera en proie à tous les malheurs ; d'un fléau on tombera dans un autre.* Dans ce moment, Martin dit à M. André : « Puisque vous » désirez le voir, le voilà qui me parle. » Le Lieutenant saute aussitôt du lit, vient à la place que lui indique Martin, étend les bras, tâtonne de toutes parts. Pendant ce temps, Martin voyait l'Ange varier et changer de place. M. André ne

sentant ni n'entendant rien, dit alors à Martin : C'est étonnant que je ne voie ni n'entende rien ; comment se peut-il faire que l'un voie et entende, et que l'autre ne voie ni n'entende rien? passe encore pour voir, mais au moins je devrais entendre. Martin répond : « Je ne le com-
» prends pas non plus ; mais il faut bien
» que l'un voie et entende, et que l'autre
» ne voie et n'entende pas, puisque je
» le vois et que je l'entends ; et voilà
» comme il me dit. » M. André s'habille et sort, laissant Martin seul dans la chambre.

Sur les dix heures, nouvelle apparition, où l'Ange dit à Martin : *On va prendre des informations de vous dans votre pays, pour savoir les personnes que vous fréquentiez.* Sur-le-champ Martin en donna avis à son frère, comme il l'a déclaré quand il a été à Charenton. Voici un extrait de sa lettre, qui est arrivée le 14, par la poste, à Gallardon.

Paris, le 12 mars 1816.

Mon Frère,

« Je t'écris cette lettre pour te faire
» savoir que je suis en bonne santé. Ce
» qui m'inquiète le plus, c'est l'ouvrage.
» Tous les jours de nouvelles questions.
» La même apparition m'a dit qu'on al-
» lait prendre des informations de moi
» à Gallardon, pour savoir les personnes
» que j'y fréquentais. Je te dirai que
» l'incrédulité est si grande, qu'il a été
» obligé de me dire son nom. Je crois
» bien que cela sera long, parce qu'on
» ne veut pas croire à toutes ces cho-
» ses, quoiqu'ils se trouvent confondus
» à toutes les fois..... Qu'on ne prenne
» aucun chagrin de moi, parce qu'il
» m'a promis assistance dans tout ce
» que j'ai à répondre. A tous moments
» il me dit de nouvelles affaires;.... tu
» diras à ma femme qu'elle ne prenne
» aucun chagrin de moi;..... mais il

» faut que je fasse la volonté de celui qui
» m'a envoyé ; et je ne puis me dispen-
» ser de faire ce qu'il me commande....
» Rien autre chose à te marquer, etc. »

Suivant l'avis qu'avait reçu Martin, le Ministre écrivit le 15 à M. le Préfet ; et le 16, M. le Curé de Gallardon reçut du Préfet la lettre suivante, dont voici le texte :

« Veuillez bien m'informer, Mon-
» sieur, des relations antérieures de
» Martin à Gallardon, et ne me laissez
» rien ignorer de ce qui le concerne ;
» je suis, etc. »

Aussitôt M. le Curé prit dans le pays les informations les plus exactes sur Martin, et dès le lendemain il envoya sa réponse à M. le Préfet.

Lorsque Martin fut revenu au mois d'avril à Gallardon, MM. Pinel et Royer-Collard, médecins, demandèrent à M. le Curé la même lettre de Martin et celle du Préfet, pour constater le fait et l'insérer dans leur rapport. M. le Curé les leur envoya aussitôt en original. Elles ont été déposées à l'hospice de Charenton.

L'après-dîner, le Lieutenant sortit avec Martin; ils allèrent ensemble proche le Val-de-Grâce, et le docteur Pinel, que M. André alla voir dans ce quartier, lui remit des papiers qu'il porta de suite à l'hôtel du Ministre, toujours accompagné de Martin, avec lequel il revint à l'hôtel de Calais. Il paraît qu'il y a eu d'abord deux rapports particuliers faits par M. Pinel au Ministre de la police au sujet de Martin, et ce fut d'après ces rapports que le Ministre crut devoir l'envoyer, comme on va le dire, à la maison de santé de Charenton. Cependant, tout en déclarant que Martin était atteint d'une *hallucination de sens*, ou aliénation intermittente, M. Pinel assura qu'il lui avait toujours répondu d'une manière directe et sans manifester aucune trace de délire.

Le mercredi 13 mars, sur les neuf heures du matin, M. André mena chez le Ministre, Martin, qui resta dans la première chambre, où étaient plusieurs secrétaires; le Lieutenant seul parla au Ministre, lequel lui remit des papiers. En sortant il reprit Martin, et comme il marchait devant lui, à six ou sept pas de distance, l'Archange parut devant Martin: *On va*, lui dit-il, *vous conduire dans une maison où vous allez être détenu, et votre conducteur s'en retournera seul dans son pays.* Lorsqu'il eut rejoint M. André, celui-ci lui dit: Nous allons nous promener. « Oui, répondit » Martin, vous allez me conduire dans » une maison où je resterai pour être » examiné, interrogé et questionné, » et vous, vous vous en retournerez » seul chez vous. » Non, nous nous en retournerons ensemble. — « Non, » nous ne nous en retournerons pas » ensemble; mais on a beau faire, mal- » gré tout ce qu'on fait contre moi, je » parviendrai à parler au Roi, et on verra » bien que les affaires ne viennent pas » de moi-même. Il faut nécessairement

» que je les fasse. » M. André lui dit : On fera comme l'on voudra, il faut bien que je fasse aussi ce qu'on m'a commandé. Ils prirent donc une voiture de place, et se rendirent à Charenton.

CHAPITRE III.

Des faits relatifs au sieur Martin, qui se sont passés durant son séjour à Charenton dans la Maison de santé.

MARTIN et son conducteur arrivèrent à Charenton sur le midi, et furent trouver aussitôt le Directeur de la maison de santé. En remettant Martin entre ses mains, M. André le lui recommanda comme un homme droit, religieux et digne de tout intérêt. Le Directeur, ayant lu les papiers et les ordres que M. André lui apportait de la part du Ministre, interrogea Martin devant son conducteur : Qu'est-ce que vous avez? lui dit-il. « Moi, je n'ai rien, » répondit

Martin. Sur la demande de M. le Directeur, M. André dit que, depuis huit jours que Martin était avec lui, il ne lui avait rien vu faire d'extraordinaire, et qu'il n'était pas nécessaire de le retenir à l'étroit. « Vous pouvez me visiter, » dit Martin au Directeur, qui lui répond : Je ne suis pas médecin ; pourquoi vous envoie-t-on ici? Martin, sans hésiter, lui rapporte la suite des événements, et les diverses apparitions qui lui sont arrivées depuis le 15 janvier ; sa comparution chez Monsieur l'Evêque à Versailles, chez M. le Préfet à Chartres, et enfin devant le Ministre à Paris. Le Lieutenant confirme son témoignage sur plusieurs points, comme en ayant été le témoin depuis qu'il était avec lui. Martin, en finissant, dit à M. le Directeur : « Vous verrez que je » ferai tout ce qui m'est commandé, et » que je ne resterai pas ici. »

M. André fait ses adieux ; Martin le reconduit avec le Directeur, et en le quittant il lui dit : « Vous voyez bien que

» vous vous en allez ; et moi, je vais res-» ter. » Je sais bien, répond M. André, que vous me l'avez dit en venant, mais il a fallu que je fisse ce que le Ministre m'avait commandé.

Ensuite le surveillant fit monter Martin à sa chambre. Là, il l'interrogea sur les divers événements qui lui étaient survenus, et il répondit avec la même exactitude qu'il l'avait fait devant M. le Directeur. De là il fut conduit dans une chambre qu'on venait de lui assigner dans le corridor ou dortoir commun.

Il paraît que cette réclusion fit d'abord sur Martin une impression pénible, lorsqu'il se vit ainsi entièrement séparé de sa famille, de ses amis, et de toutes ses habitudes. Mais cette impression ne fut pas d'une longue durée ; d'ailleurs il ne pouvait se trouver en meilleures mains ; et M. le Directeur ne tarda pas de son côté à le connaître pour ce qu'il était, surtout après avoir reçu une lettre honorable pour Martin, que lui écrivit

M. le Curé de Gallardon, aussitôt qu'on lui eut appris que son paroissien était entré dans la Maison de santé.

Le même jour de son arrivée, sur les quatre heures après midi, M. Royer-Collard, Médecin en chef, fit son cours de visite à l'hospice de Charenton. Quand il fut au tour de Martin, il lui demanda ce qu'il avait, et Martin répondit comme à tous les autres : « Je n'ai rien. » Cependant, lui dit M. le Médecin, il y a quelque chose pour que vous soyez ici? « Je l'ai dit, répliqua-t-il, à M. le Directeur. » Là-dessus M. Royer-Collard l'engagea de même à dire avec franchise ce qu'il savait à cet égard, lui promettant de l'écouter avec bonté, et de faire tout ce qui dépendrait de lui pour le rendre à sa famille. Martin, sans hésitation, mais aussi sans empressement, commença de nouveau le récit des événements qui lui étaient arrivés. Dans ce moment il était observé par les médecin, chirurgien et surveillant de la maison ; le Docteur, tout en l'écoutant, lui tâtoit le pouls, et le fixoit avec beaucoup d'attention.

Pendant tout son récit, Martin ne montra ni trouble ni émotion marquée, son visage ne changea point de couleur ; le ton de sa voix demeura constamment le même : seulement, en rapportant les paroles de l'Ange, son œil paraissoit s'animer un peu. Lorsqu'il eut cessé de parler, le Médecin en chef lui conseilla de prendre du repos, de ne pas trop s'occuper des objets dont il venoit de l'entretenir, et le mit à l'usage d'une tisane rafraîchissante. Martin l'assura qu'il avoit l'esprit parfaitement tranquille ; qu'il n'étoit nullement échauffé, que sa santé étoit excellente en tout point, qu'il feroit cependant tout ce qui lui seroit ordonné. En le quittant, le Médecin en chef recommanda à son collègue, Médecin adjoint de la maison, au surveillant des malades, au premier élève en médecine, et à tous les infirmiers du quartier où il avoit été placé.

de l'observer attentivement, de suivre toutes ses démarches, et de lui rendre un compte très-exact de ce qu'il feroit ou diroit.

Tout ce qu'on vient de dire au sujet de Martin dans l'article précédent, d'après M. le Médecin en chef, est confirmé par un autre témoin, élève de la Maison de santé, qui a fait sur Martin une relation particulière. « Il avoit été envoyé, dit-il, par le Ministre de la police, d'après un certificat qui le déclaroit atteint de *manie intermittente avec hallucination de sens.* Nous le vîmes, le 13 mars 1816, dans l'après-midi; l'impression pénible que sa réclusion avoit d'abord produite en lui, paraissoit entièrement dissipée; sa physionomie, sa parole et sa contenance n'avoient rien qui décelât une maladie d'esprit; il répondit avec beaucoup de simplicité et de bon sens aux questions qu'on lui fit, touchant les motifs qui avoient pu occasioner les mesures qu'on avoit prises à son égard. »

Martin, après la visite des médecins, alla dans la salle commune où se rassembloient plusieurs aliénés, spectacle très-nouveau pour lui : quelques-uns l'excitoient à rire par leurs extravagances ; d'autres avoient des manies d'un genre plus sérieux, dont certaines étoient relatives à des idées religieuses. Il remarqua surtout un ancien Curé, qui disoit : « Il n'y a plus d'Église, plus d'É-» vêques, plus de Prêtres, plus de Jé-» sus-Christ. Je suis un jureur, un blas-» phémateur, un misérable ; il n'y a » plus de pardon pour moi, je suis per-» du. » Martin lui dit : « Mais, M. le Curé, » vous prêchiez qu'il y avoit pardon pour » tout le monde, pour les plus grands » pécheurs, pourquoi donc dites-vous » comme ça à présent ? » Et cet aliéné revenoit un peu à lui et à un meilleur sens.

Il n'y eut rien de nouveau pour Martin le 14 mars ; mais le 15 au matin, comme il étoit à s'habiller, l'Archange s'offre à ses yeux et lui dit : *Puisqu'on vous traité de la sorte, je ne reviendrai plus vous voir : qu'on fasse examiner la chose par des Docteurs en théologie, et l'on verra si elle est réelle ou non. Si on ne veut rien croire, ce qui est prédit arrivera; pour vous, mettez votre confiance en Dieu; il ne vous arrivera aucun mal ni aucune peine. Je vous donne la paix; n'ayez nul chagrin ni inquiétude.*

Il est à remarquer que Martin, ne comprenant point ce que c'étoit qu'un *Docteur en théologie*, en demanda l'explication au surveillant de la Maison de santé. La même chose lui étoit arrivée à Gallardon, au sujet de ces expressions figurées : La France est dans le *délire*, elle sera en *proie* à toutes sortes de maux. M. le Curé les lui expliqua.

Dans la journée du 15, Martin écrivit la lettre suivante à son frère Jacques.

Maison royale de Charenton, 15 mars 1816.

MON FRÈRE,

« Je t'écris cette lettre pour te faire » savoir que je suis en bonne santé; je

» souhaite de tout mon cœur que la pré-
» sente vous trouve tous de même. Je te
» dirai que je suis à l'Hospice de Cha-
» renton depuis le 13 de ce mois. Je te
» prie de faire aller l'ouvrage. Je te dirai
» que je ne prends aucun chagrin ;
» mais je sais que ma femme est dans
» un grand chagrin : pour moi, je mets
» tout à la volonté de Dieu. Je te dirai
» que je serois content si je voyois quel-
» qu'un de mes parents. On croit que
» c'est par fantaisie que je tiens toujours
» le même langage : tu me connais bien,
» puisque nous avons toujours été en-
» semble. Je te dirai que je suis tou-
» jours le même. Je prendrai toujours
» les remèdes qu'on me fera prendre ;
» mais tout cela sera inutile, parce
» que je suis toujours bien comme je
» suis, et que cela ne venoit pas de moi ;
» mais la chose m'est bien commandée :
» tant que ma commission ne sera pas
» faite, je ne serai pas tranquille. »

A l'arrivée de cette lettre à Gallardon, toute la famille de Martin fut dans le trouble et le chagrin, surtout sa mère, qui ne pouvoit s'empêcher d'éclater, et qui eût besoin, pour se remettre, des avis et exhortations de M. le Curé. Déjà dans toute la commune la disparition subite de Martin avoit fait quelque sensation ; mais le secret ayant été gardé, on n'en put alors découvrir le véritable motif. Sur ces entrefaites, M. le Préfet reçut une lettre de Paris, où on lui marquoit que Martin avoit été jugé pris de folie par les médecins. Il en fit part à M. le Curé, qui lui fit réponse qu'il respectoit infiniment les talents des Docteurs ; mais qu'il ne pouvoit souscrire à leur décision, d'après la connaissance qu'il avoit de son paroissien ; qu'au reste, si Martin étoit fou, c'étoit un bon fou à qui il ne falloit d'autres remèdes que ceux qu'on lui administroit, savoir : de l'héberger et de le bien nourrir, mieux qu'il n'étoit chez lui en travaillant beaucoup. En même temps, M. le Curé écrivit au Ministre pour lui dire ce qu'il pensoit de Martin, qu'il retenoit pour les causes majeures dont lui-même avoit été confident et dépositaire. Il lui dit en deux mots que Martin étoit à-la-fois fidèle serviteur de Dieu et sujet dévoué pour le Roi. Il finit par représenter à Son Excellence que c'étoit la saison de labourer et d'ensemencer les terres : en conséquence, il demandoit qu'il permît à Martin de revenir, sur l'assurance qu'il se représenteroit à la première demande qui lui en seroit faite : que si Son Excellence ne jugeoit pas à propos de renvoyer Martin, elle voulût bien donner des ordres pour que ses terres ne restassent pas incultes. Le Ministre répondit par une lettre des plus honnêtes, écrite de sa main ; elle étoit en même temps honorable pour Martin, et en outre elle renfermoit un billet de 400 francs de la caisse du Roi : Son Excellence chargeoit M. le Curé d'en toucher le montant chez le receveur de Chartres, pour le remettre à la femme de Martin et pourvoir au soin de sa culture.

A Charenton, le 15 mars, sur les quatre heures du soir, le Médecin en chef fit sa visite accoutumée; Martin lui rapporta ce qu'il avoit vu et entendu le matin, au sujet de ce que l'Ange lui avoit dit qu'il ne reviendroit plus le voir. Il reviendra encore, lui dit le Médecin, quoique Martin ne le crût pas en ce moment, parce qu'il regardoit cette parole de l'Ange comme irrévocable.

Il n'y eut rien de nouveau depuis le 16 jusqu'au 22 mars concernant la personne de Martin; mais le 18 du même mois, M. Royer-Collard, qui le suivoit avec une attention toute particulière, donna onze questions au Directeur de la maison de santé, qui les adressa de suite au Curé et au Maire de Gallardon. Le Médecin en chef avoit en vue de s'assurer du caractère de Martin, de son genre d'esprit, de ses opinions, de sa conduite, etc. Ses questions, auxquelles on a joint les réponses du Curé et du Maire de Gallardon, sont rapportées à la fin de ce récit.

Le 22 mars, Jacques Martin, frère de Thomas, arriva sur les neuf heures du matin à l'hospice de Charenton. Autant qu'on a pu en juger par ses discours, il s'y montra comme un homme rempli de sens et de droiture. Après avoir passé une partie de la journée avec son frère, il fut mandé l'après-midi dans la chambre où étoient assemblés les Docteurs avec M. le Directeur et les principaux de la maison. Interrogé sur son frère Thomas, et sur tous les points qui faisoient le sujet des onze questions qu'on venoit d'envoyer dans sa commune, il répondit que l'on avoit toujours observé chez Martin un caractère extrêmement doux et modéré; qu'on n'avoit jamais remarqué en lui d'idées exaltées, sur quelque point que ce fût; qu'il avoit toujours mené une conduite irréprochable et basée sur des sentiments religieux bien entendus et dégagés de tout fanatisme et superstition; que les révolutions, de quelque nature qu'elles eussent été, n'avoient jamais produit sur son esprit une impression remarquable; qu'il avoit toujours joui d'une bonne santé, au physique comme au moral; et que personne de sa famille n'avoit eu de maladie d'esprit : il ajouta que lui-même étant à labourer avec son frère, il vit ce dernier s'arrêter un jour dans l'attitude d'un homme qui écoute; il voulut alors s'arrêter aussi, mais il fut obligé de courir après son cheval, qui continua de marcher malgré lui : son frère lui fit part de ce qui s'étoit passé.

Dans le même temps que Jacques Martin rendoit ce témoignage, le Curé de Gallardon recevoit, ainsi que le Maire, le paquet renfermant les onze questions données le 18 mars au Directeur par M. Royer-Collard. Leurs réponses à ces questions furent uniformes et précises : elles présentent Martin comme un homme franc, ouvert, modéré, remplissant ses devoirs fidèlement, mais sans ostentation, ennemi de la révolution, mais sans aigreur, ami du Roi sans apparat, d'humeur gaie, d'un caractère ferme, point crédule, point ami du merveilleux, incapable de servir un parti aux dépens de la sincérité et de la vérité.

Ces réponses, qui furent d'abord adressées à Chartres à M. le Préfet, arrivèrent à Charenton le surlendemain du départ du frère de Martin, en sorte qu'il ne pouvoit y avoir aucune collusion de part et d'autre, quoiqu'il y eût dans tous les témoignages une si grande conformité.

Jacques Martin étoit reparti dès le 23 mars pour Gallardon, laissant son frère dans une parfaite tranquillité, sans qu'on remarquât en lui la moindre émotion, même au moment de l'adieu.

Le lundi 25, Martin fut visité par M. le Médecin en chef, qui lui demanda s'il voyait encore quelque chose : Non, Monsieur, répondit ingénuement celui-ci ; car l'Ange m'a dit qu'il ne reviendroit plus. Il reviendra encore, lui dit M. le Docteur, vous le verrez ; c'est une affaire commencée, il faut qu'elle finisse.

Le mardi 26, sur les sept heures du matin, comme Martin commençoit à écrire à son frère pour lui recommander l'ouvrage des champs, l'Ange parut à côté de la table sur laquelle il écrivoit. Martin a rapporté cette apparition dans la lettre suivante, qui a été copiée avant qu'on la mît à la poste.

Maison royale de Charenton, le 26 mars 1816.

Mon Frère,

« Je t'écris cette lettre pour te mar-
» quer que je suis toujours en bonne
» santé ; je souhaite de tout mon cœur
» que la présente vous trouve tous de
» même. Comme j'ai commencé à t'é-
» crire, la même apparition m''est appa-
» rue ; il m'a dit les choses en ces termes :
» *Mon ami, je vous avois dit que je ne*
» *reviendrois plus vous voir ; je vous as-*
» *sure que j'aurois une grande douleur si*
» *mes démarches étoient inutiles. Je vous*
» *assure que le plus terrible fléau est prêt*
» *à tomber sur la France, et qu'il est à*
» *la porte. Les peuples en voyant arriver*

» *ces choses seront saisis d'étonnement et*
» *sécheront de frayeur. Ce qui avoit été*
» *prédit autrefois est arrivé comme il avoit*
» *été annoncé ; de même la chose arrivera*
» *si l'on ne pratique pas ce que j'ordonne.*
» *La France n'est plus que dans l'irréli-*
» *gion, l'orgueil, l'incrédulité, l'impiété,*
» *l'impureté, et enfin livrée à toutes sortes*
» *de vices : si le peuple se prépare à la*
» *pénitence, ce qui est prédit sera arrêté ;*
» *mais si l'on ne veut rien faire de ce que*
» *j'annonce, ce qui est prédit arrivera.*
» L'Archange me dit aussi que je ne
» pouvois désirer une meilleure santé ;
» que l'on me fasse visiter par les Doc-
» teurs les plus savants, qu'ils ne pour-
» roient trouver aucune maladie en moi ;
» il me dit aussi que si je suis retenu,
» c'est que l'on veut faire une épreuve
» de moi ; il dit que c'est une erreur de
» vouloir m'éprouver après toutes les
» choses qui sont écrites. » Martin a
aussi déclaré que l'Ange lui avoit dit
avant de disparaître : *Je vous donne la*

paix, n'ayez nul chagrin ni inquiétude (1).

Martin écrivoit cette lettre à mesure que l'Ange lui parloit : il le voyoit à côté de lui et n'osoit cependant le regarder jusqu'au visage ; seulement il distinguoit qu'il avoit une main comme appuyée sur la fenêtre. L'apparition finie, il porta sa lettre au surveillant, qui, l'ayant lue en son particulier, crut devoir la remettre à M. le Directeur. Cette lettre a été lue par diverses personnes, et de suite elle a été communiquée au Ministre de la police : elle n'est arrivée à Gallardon, par la poste, que huit jours après.

Depuis que Martin étoit retenu à l'hospice de Charenton, il étoit, comme on

(1) Ces dernières paroles de l'Archange se trouvent aussi dans cette lettre du 26 mars 1816. On en trouve le texte entier à la suite de la relation de M. Acher touchant la mission de Martin. Le lecteur remarquera que dans cette apparition l'Archange ne parle que du peuple et lui adresse ses avertissemens. A la fin de sa lettre, Martin parle avec détail de soins domestiques et de divers travaux qu'exigent ses champs.

l'a vu, sujet à la visite du médecin; mais il n'y parut point les 27 et 28 mars. Nous allons encore le suivre, à ce sujet, dans un rapport particulier concernant une apparition qui lui arriva ce dernier jour.

« Le jeudi 28 mars, sur les cinq » heures après midi, comme je me pro- » menois dans le jardin, l'Archange se » présente devant moi, et me dit : *Pour-* » *quoi n'allez-vous pas à la visite?* Je lui » réponds : J'y vais : il me dit, mais bien » brièvement : *Elle est faite;*... et moi, » c'étoit par exprès que je tardois tou- » jours à y aller; je m'amusois tant » que je pouvois, parce que tous ces » gens-là qui étoient de la visite se » moquoient de moi. L'Ange ajouta : » *Vous ne voulez pas mentir; il vaut* » *mieux obéir à Dieu qu'aux hommes* (Act. » 5, 29). *L'Ange de lumière ne peut* » *annoncer les choses de ténèbres; l'Ange* » *de ténèbres ne peut pas annoncer les* » *choses de lumière. Qu'on profite de la lu-* » *mière tandis qu'on a la lumière; pour*

» *vous, mettez votre confiance en Dieu, il*
» *ne vous arrivera aucun mal ;* et il dis-
» parut comme les autres fois. »

Le même jour, 28 mars, M. Le Gros, surveillant, fit venir Martin dans sa chambre, et mettant la conversation sur les apparitions de l'Ange : Puisque vous le voyez ainsi, lui dit-il, quand vous le verrez, vous lui demanderez qu'il me prenne sous sa protection : je serois bien aise d'être sous la protection d'un Ange. « Oui, répondit Martin, je le lui demanderai. » Il n'eut pas la peine de le faire ; car, dès l'apparition suivante, l'Ange le prévint et lui dit : *Quelqu'un de la maison vous a demandé que je le prenne sous ma protection : vous lui direz que celui qui pratiquera la religion telle qu'elle est annoncée, et qui aura une ferme croyance, sera sauvé* (1).

(1) M. Le Gros a depuis fait connaître et rapporté, ainsi qu'il suit, la réponse de l'Ange à son sujet, selon la note qu'il assure en avoir prise dans les vingt-quatre heures : *Une personne vous a demandé que je la prenne sous ma protection ; vous lui direz que tous ceux qui professent la religion, et qui la pratiquent avec une ferme foi, seront sauvés.*

Martin, dans une autre occasion, avoit cru aussi pouvoir se permettre de faire quelques questions à l'Envoyé céleste; mais il lui fut dit qu'il n'avoit point de question à faire, et qu'on lui diroit tout ce qu'il falloit. Nous tenons ce fait de lui-même.

Cependant l'affaire de Martin s'ébruitoit sourdement à la Cour. M. de la Rochefoucault, qui en fut instruit, vint à Charenton le 29 mars, ainsi qu'un Ecclésiastique qu'envoyoit Monseigneur l'(ancien) Archevêque de Reims, pour voir, examiner Martin, et s'instruire de sa propre bouche du fond de son affaire et de ses circonstances. Martin, présenté par M. le Directeur, leur rapporta fidèlement ce qui lui étoit arrivé la veille. Ensuite, sur leurs instances, il reprit de nouveau le récit des autres événements depuis le 15 janvier. L'Ecclésiastique, à ce sujet, rédigea, sous les yeux de M. de la Rochefoucault, un écrit que Martin lui-même a signé, ainsi que cet Ecclésiastique. Voici la remarque qu'a faite ce dernier à la fin de la rédaction des dépositions ci-dessus : « Martin m'a assuré que toutes les fois que l'Archange lui parle, c'est toujours avec une douceur ineffable, toujours très-clairement et en peu de mots. Je puis attester, ajoute cet Ecclésiastique, qu'ayant causé long-temps avec Martin, je l'ai trouvé dans une raison parfaite : son nouveau genre de vie, si opposé aux habitudes qu'il avoit chez lui, ne lui donne pas la moindre inquiétude ; il a une femme et des enfants, et s'en remet entièrement à la sainte volonté de Dieu sur leur sort et sur le sien ; en un mot, il jouit d'un calme surnaturel ; il a une grande douceur, une piété sans exaltation ; il m'a dit que sa dévotion consistoit à garder les commandements de Dieu et de l'Église..... Il est d'une naïveté et d'une simplicité qui ne peuvent se concevoir. Enfin, il est à son aise avec tout le monde. Fait à l'Hospice de Charenton, ce 29 mars 1816. » (Suit la signature de l'Ecclésiastique.)

Le 30 mars au soir, Martin, mandé chez M. le Directeur, y a trouvé encore M. de la Rochefoucault, et lui a confirmé ses premières dépositions.

Quelques jours avant, le même Monsieur avoit envoyé à Gallardon pour être instruit par M. le Curé de toute la suite des événements relatifs à son paroissien. M. le Curé crut d'abord devoir l'engager à s'adresser aux premières autorités, qui avoient encore en ce moment l'affaire entre les mains. Cependant, toutes réflexions faites, il donna satisfaction à M. de la Rochefoucault, par une lettre en date du 28 mars. Ce Monsieur aussitôt vint en communiquer avec Monseigneur le grand Aumônier de France, qui l'engagea de suite à renvoyer à Gallardon, pour déterminer M. le Curé à se transporter à Paris. La lettre, adressée au Curé, portoit que, toute occupation cessante, il étoit prié de se rendre auprès de Monseigneur l'Archevêque de Reims, à qui le Roi avoit remis le soin et la connaissance de l'affaire de Martin.

Dès le lendemain, 1er. avril, M. le Curé, vers les cinq heures après midi, se trouva chez M. de la Rochefoucault; sur l'avis qu'en donna aussitôt ce Monsieur, le Curé fut admis à l'audience de l'Archevêque, le 2 avril 1816, à une heure après midi; il l'entretint durant une heure, et Monseigneur dit au Curé que son rapport étoit conforme à celui qu'on avoit recueilli par ses ordres à l'hospice de Charenton. L'Archevêque, parlant de Martin, ajouta d'un air soucieux : C'est aujourd'hui qu'il paraît devant le Roi; je ne sais quelle impression ceci pourroit faire sur Sa Majesté.

Durant ces diverses négociations, Martin eut encore une apparition non moins remarquable que les précédentes. Voici comme il l'a rapportée lui-même :

« Le dimanche 31 mars, j'étois, sur les » deux à trois heures de l'après-midi, » dans le jardin, il m'a apparu et m'a » dit : *Il y aura encore des discussions :* » *les uns diront que c'est une imagina-* » *tion; les autres que c'est un Ange de*

» *lumière, et d'autres que c'est un Ange* » *de ténèbres : je vous permets de me tou-* » *cher.* Il me prend la main droite avec » sa main droite, et me la serre » réellement, et comme Martin l'a dit à M. le Directeur, en lui prenant la main aussi sensiblement que je serre actuellement la vôtre. « Il ouvre sa redingote par de- » vant; quand elle a été ouverte, cela » m'a semblé plus brillant que les rayons » du soleil, et je n'ai pu l'envisager. » (Martin fut obligé de mettre sa main devant ses yeux.) « Il ferme sa redin- » gote, et quand elle fut fermée, je » n'ai plus rien vu de brillant; il m'a » semblé comme auparavant. » Cette ouverture et cette fermeture se sont opérées sans aucun mouvement de sa part. « Il retire son chapeau en arrière, et » me dit, en touchant son front avec la » main : *L'Ange rebelle porte ici les mar-* » *ques de sa condamnation, et vous voyez* » *que je n'en ai pas;* il me dit, en finis- » sant : *Rendez témoignage de ce que vous* » *avez vu et entendu.* »

Le soir du même jour, sur les quatre heures après midi, un officier supérieur, qui avoit, comme l'a dit Martin, de grosses épaulettes en or, vint pour le demander à la Maison de santé. Ils se promenèrent ensemble environ une demi-heure; et Martin, répondant à ses diverses questions, lui fit encore le détail de tout ce qui lui étoit arrivé; il ajouta : « Il m'a toujours été dit qu'il falloit que je parle au Roi; mais je crois qu'il n'est guère possible de parler au Roi. » Non, à la vérité, lui dit l'officier, mais on pourra bien vous y faire parler. Martin finit par lui faire le rapport de l'apparition toute nouvelle qu'il venoit d'avoir.

Le lendemain, 1er. avril, le Médecin en chef, M. Royer-Collard, fit venir Martin dans le cabinet de M. le Directeur, et lui dit : Je m'en vais bientôt faire mon rapport : vous ne serez pas long-temps ici; ne vous l'avois-je pas bien dit que vous verriez encore quelque chose? car il faut qu'une affaire commencée comme celle-ci ait une fin. Il m'avoit pourtant bien dit, reprit Martin, qu'il ne reviendroit plus. Et moi, lui dit le Docteur, je savois bien qu'il reviendroit encore.

Le 2 avril fut le dernier du séjour que Martin fit à la Maison de santé. Comme il étoit à son dîner, on le demande chez M. le Directeur; il y trouve un Monsieur qui lui dit : Mon ami, vous allez venir à Paris avec moi. « Eh bien ! » répond Martin tranquillement, s'il faut » aller à Paris, je veux bien y aller. » Je ne sais pas pourquoi, lui dit-on; mais si vous voyiez aujourd'hui le Roi, cela ne vous étonneroit-il pas? « Non, Monsieur, dit Martin, puisque je ne suis » ici que pour aller lui parler : il m'a » toujours été annoncé que j'irois lui » parler. » Ils partirent ensemble, et arrivèrent à l'hôtel de la Police. Le Ministre donnoit ce jour-là audience; Martin, pour pouvoir lui parler, fut obligé d'attendre que son audience fût finie.

Avant de rapporter ce qu'on peut regarder comme le dénouement et le complément de la *mission* de Martin, nous croyons devoir donner une idée de sa conduite et de ses habitudes, durant les trois semaines qu'il a passées à l'hospice de Charenton.

« Sa santé a toujours été très-bonne, nous dit un fidèle observateur, et sa conduite ne s'est pas démentie un seul instant. Comme il étoit parfaitement tranquille, on lui accorda l'usage du parc pendant les trois quarts de la journée, soit pour que, se sentant plus libre, il songeât moins à se contraindre, soit parce qu'étant habitué à une vie très-active, le travail du jardin pouvoit, jusqu'à un certain point, servir de compensation à ses travaux ordinaires. Il a profité tous les jours de cette permission, et n'en a point abusé : vivant en quelque sorte au milieu des jardiniers et des hommes de peine, il n'a point cherché à se faire valoir auprès d'eux, ne leur a pas dit un mot de ses apparitions, et a partagé leur travail, comme s'il eût été l'un d'entre eux. Ce n'est point qu'il cachât obstinément ce qu'il éprouvait, mais il n'en parlait qu'à ceux à qui il croyait être obligé d'en rendre compte, et il le faisait alors avec ouverture et simplicité.... Observé à tous les instants du jour, et lorsqu'il était seul, et lorsqu'il était avec quelqu'un, il a été impossible de découvrir en lui la moindre apparence de délire, la plus légère marque d'exaltation, et dans sa conduite ordinaire il s'est toujours montré comme très-reconnaissant et très-sensé. Il a toujours bien mangé, bien digéré, bien travaillé, bien dormi; il n'a laissé voir ni agitation, ni torpeur, ni excès de gaîté, ni excès de tristesse: toutes ses fonctions physiques, intellectuelles et morales, ont paru s'accomplir avec la plus grande régularité. »

CHAPITRE IV.

Entrevue du sieur Martin avec S. M. Louis XVIII (1).

Le mardi 2 avril, un secrétaire du Ministre de la police générale est venu porter à Charenton, au Directeur de la Maison de santé, un billet écrit de la main du même Ministre, ordonnant de lui envoyer Martin, qu'on venait chercher dans un cabriolet. Le billet portait

(1) Nous donnons ici la Relation du sieur Martin concernant l'audience que Sa Majesté a bien voulu lui accorder. C'est lui-même qui l'a dictée à M. le Curé de Gallardon, et celui-ci l'a mise par écrit dans les propres termes du bon villageois, autant qu'il a été possible. Nous n'avons pas cru devoir nous permettre d'en changer le style, non plus que celui des lettres ou réponses du sieur Martin, que nous avons rapportées jusqu'ici. Le lecteur considérera principalement le fond des choses renfermées dans toute cette Relation, et le ton de sincérité qui en fait le plus grand mérite.

encore que, le lendemain, Martin retournerait dans son pays, puisque le Médecin en chef pensait qu'il n'y avait point de traitement à lui faire. En effet, M. Royer-Collard avait déclaré qu'il ne regardait point cet homme comme aliéné. Cet avis ayant été rapporté à Monseigneur l'Archevêque de Reims, grand Aumônier de France, celui-ci avait informé le Roi de ce qui se passait; et le Roi touché à l'instant d'une suite de faits si extraordinaires, avait donné ordre au Ministre de la police de lui amener l'homme arrivé de Chartres qu'il avait fait conduire à Charenton (1). De son

(1) L'on sait, à n'en pas douter, que quelques personnes d'un rang distingué attendaient avec inquiétude l'entrevue de Martin avec le Roi.

Dans une lettre du Curé de Gallardon au Curé de Maintenon, en date du 8 mai 1816, on lit ces mots: « Monseigneur l'Archevêque de Reims, après mon » rapport, me paraissant fort soucieux et fort inquiet, » m'a dit: Je ne sais quelle impression cela fera sur le » Roi..... J'ai vu à Paris des personnages de la plus » haute (distinction), qui attendaient avec (anxiété) » l'entrevue de cet homme avec le Roi, pour juger » de la réalité des apparitions, des révélations et du » résultat. Toutes ces personnes en ont été instruites,

côté, Monseigneur l'Archevêque de Reims avait invité, comme on l'a dit, M. le Curé de Gallardon à venir à Paris, afin qu'il pût fournir sur le compte de Martin les renseignements qu'on jugerait nécessaires.

Voyons maintenant comment Martin s'est expliqué, dans sa relation particulière, au sujet de son entrevue avec Sa Majesté. C'est la même relation qui a été envoyée à M. le Préfet de Chartres; elle a été écrite de la main du Curé, et d'après le rapport de Martin lui-même, ainsi qu'il suit :

« Le mardi, 2 avril 1816, comme j'étais à dîner (à la Maison de santé), il vint quelqu'un de la part du Ministre de la police générale, qui depuis quatre semaines me retenait (tant à Paris qu'à Charenton). Ce Monsieur me dit qu'il venait me chercher pour aller à Paris.

« Nous arrivons à l'hôtel de la Police,

» et leurs craintes n'ont pas diminué, non plus que les » miennes, pour l'avenir. »

où le Ministre me dit : Vous voulez donc parler au Roi ? — Oui, et ma commission ne sera pas faite avant que je lui aie parlé, comme on me l'a toujours dit, et que je lui dise ce qui m'est annoncé. » — « Mais, qu'avez-vous à dire au Roi ? — « Je ne sais pas pour le moment ce que » j'ai à lui dire : les choses me seront » annoncées quand je serai devant le » Roi. » — Eh bien ! puisque vous voulez y aller, je vais vous y conduire : vous allez voir un bon Roi qui est notre père à tous. Mais il ne me disait pas qu'il avait reçu l'ordre du Roi de m'y mener.

» Il passe dans une autre chambre pour prendre son (habit d') ordonnance, et dans cet intervalle l'apparition m'a dit : *Vous allez parler au Roi, et vous serez seul avec lui ; n'ayez aucune crainte de paraître devant le Roi ; pour ce que vous avez à lui dire, les paroles vous viendront à la bouche.*

» Et, en effet, je n'ai point du tout été embarrassé dans tout ce que je lui ai dit depuis le commencement jusqu'à la fin, et c'est là dernière fois qu'il m'a apparu, toujours dans le même costume que toutes les autres fois, depuis le 15 janvier, car il n'a jamais changé.

« Le Ministre vint me trouver, et dit à quelqu'un en lui donnant une lettre : Vous allez mener cet homme-là au premier valet de chambre du Roi. Nous partons, mon conducteur et moi ; le carrosse était prêt pour nous conduire ; mais j'ai dit : Ça n'est pas la peine, j'irai bien à pied, il n'y a pas loin, il n'y a que la Seine à traverser (1). Le Ministre part après nous; mais comme il était en carrosse, il est arrivé plus tôt que nous. Nous arrivons aux Tuileries sur les trois heures ; nous montons jusqu'à l'appartement du Roi ; nous avons trouvé,

(1) Martin s'est rendu chez le Roi avec le même habit, les mêmes guêtres de paysan qu'il avait à Chartres, lorsqu'il a paru devant le Préfet. Sa Majesté l'a reçu portant les divers ordres, cordons et marques distinctives de la dignité royale.

dans tout ce qui était en avant et dans les alentours, bien des gardes, et personne ne m'a rien dit. Celui qui me conduisait a remis sa lettre au premier valet de chambre du Roi (1), qui, après l'avoir lue, m'a dit : Suivez-moi. Mon conducteur est resté là et n'a pas été plus loin ; j'entre dans la chambre du Roi au même moment que le Ministre en sortait.

» Le Roi était assis à côté de sa table, sur laquelle il y avait bien des papiers et des plumes. J'ai salué le Roi, et je lui ai dit, mon chapeau à la main : Sire, je vous salue. Le Roi m'a dit : Bonjour, Martin ; et j'ai dit en moi-même, il sait bien mon nom toujours.

(1) On ne pense pas que celui qui a introduit Martin chez le Roi soit un des quatre premiers valets de chambre, comme Martin a pu le présumer d'abord. Divers renseignements que l'on s'est procurés, portent à croire plutôt que c'est un officier supérieur de la garde nationale qui l'a fait entrer chez Sa Majesté. Ce que l'on tient de la bouche de Martin, c'est que son introducteur était en uniforme et avait des épaulettes ; costume qui ne semble pas être celui des premiers valets de chambre.

— Vous savez, Sire, sûrement pourquoi je viens? — Oui, je sais que vous avez quelque chose à me dire, et l'on m'a dit que c'était quelque chose que vous ne pouviez dire qu'à moi. Asseyez-vous. — J'ai pris un fauteuil, et je me suis assis vis-à-vis du Roi; il n'y avait que la table entre nous deux; et quand j'ai été assis, je lui ai dit : Comment vous portez-vous? Le Roi m'a répondu : Je me porte un peu mieux que ces jours passés; et vous, comment vous portez-vous? — Moi, je me porte bien. — Quel est le sujet de votre voyage? — Et je lui ai dit : « Le 15 janvier, à-peu-près deux heures et demie de relevée, comme j'étais dans mon champ à répandre du fumier, il m'a apparu tout de suite, sans que je sache d'où il venait, un homme qui m'a dit : Il faut que vous alliez trouver le Roi, et que vous lui disiez que sa personne est en danger (et le reste comme il est rapporté ci-dessus à la page 6). Je lui ai dit : Mais vous pouvez bien en aller trouver d'autres que moi pour faire une commission comme ça? Il m'a dit : Non, c'est vous qui irez. Je lui ai dit : Mais puisque vous en savez si long, vous pouvez bien aller trouver le Roi vous-même, et lui dire tout cela. Il m'a dit : Ce n'est pas moi qui irai, ce sera vous; faites attention à tout ce que je vous dis, et vous ferez tout ce que je vous commande.

» Il m'avait dit, une fois qu'il m'a apparu, que son nom demeurerait inconnu, et que celui qui l'envoyait était au-dessus de lui; mais comme j'étais à Paris, le 10 mars au matin, il m'a dit : Puisque l'incrédulité est si grande, je vous dirai mon nom : je suis l'Archange Raphaël, Ange très-célèbre auprès de Dieu, qui ai reçu tout pouvoir de frapper la France de toutes sortes de plaies. (Voyez pag. 36.)

« De retour à la maison, j'ai dit tout cela à mon frère Jacques, qui m'a dit : Il faut aller trouver M. le Curé, et lui dire tout cela. Nous y avons été dès le soir, et puis encore tous les jours après, tant que j'ai eu de nouvelles apparitions, et après plusieurs affaires comme ça, M. le Curé nous a dit : Je ne veux pas être juge dans cette affaire-là ; je vous donnerai une lettre, et vous irez trouver M. l'Evêque, à Versailles. J'y ai été le 26 de janvier, et je lui ai parlé le lendemain ; quand il a eu lu la lettre de M. le Curé, il m'a bien regardé, il m'a bien questionné, il m'a demandé mon nom, et il l'a écrit. Il m'a dit : S'il revient encore, vous lui demanderez son nom et de quelle part il vient, et vous irez dire le tout à M. le Curé pour m'en faire part.

» (Après ces premiers détails, Martin ajouta) : Il m'a été dit aussi : On a trahi le Roi, et on le trahira encore ; il s'est sauvé un homme des prisons ; on a fait accroire au Roi que c'était par subtilité, par finesse et par l'effet du hasard ; mais la chose n'est pas telle, elle a été préméditée ; ceux qui auraient dû mettre à sa poursuite ont négligé les moyens ; ils y ont mis beaucoup de lenteur et de négligence ; ils l'ont fait poursuivre quand il n'était plus possible de l'atteindre. Je ne sais pas qui, on ne me l'a pas dit. — Je le sais bien, moi, c'est Lavalette. — Il m'a été dit que le Roi examine tous ses employés et surtout ses ministres. — Ne vous a-t-on pas nommé les personnes ? — Non, il m'a été dit qu'il était facile au Roi de les connaître ; pour moi, je ne les connais pas.

» Ici le Roi a levé les mains et les yeux au Ciel, et il a dit : Ah ! faut-il.... Et il s'est mis à pleurer, et il a continué de pleurer jusqu'à la fin ; et moi, quand j'ai vu le Roi pleurer, j'ai pleuré aussi avec lui.

» Il m'a encore été dit : Que le Roi envoie dans ses provinces des gens de confiance pour examiner les administrations, sans être prévenues, sans seulement qu'on sache qu'on a envoyé ; et vous serez craint et respecté de vos sujets.

» Il m'a été dit de vous dire, que le Roi se souvienne de sa détresse et de son adversité du temps de son exil. Le Roi a pleuré sur la France; il a été un temps que le Roi n'avait plus aucun espoir d'y rentrer, voyant la France alliée avec tous ses voisins. — Oui, il a été un temps où je n'avais plus aucun espoir, voyant tous les Etats qui n'avaient plus aucun soutien. — Dieu n'a pas voulu perdre le Roi; il l'a rappelé dans ses Etats au moment où il s'y attendait le moins. Enfin le Roi est rentré dans sa légitime possession. Où sont les actions de grâces qui ont été rendues pour un tel bienfait? Pour châtier encore une fois la France, l'usurpateur a été tiré de son exil : ce n'a pas été par la volonté des hommes ni par l'effet du hasard que les choses ont été permises ainsi. Il est rentré sans forces, sans armes, sans qu'on se mette en défense contre lui. Le Roi légitime a été obligé d'abandonner sa capitale, et croyant tenir encore une ville dans ses Etats, il a été obligé de l'abandonner. — C'est bien vrai, je croyais rester à Lille. — Quand l'usurpateur est rentré, il s'est formé un gouvernement de gens comme lui, et une forte armée ; il s'est présenté devant ses ennemis, qui étaient les alliés du Roi. Qu'est-il arrivé ? Du premier coup il s'est trouvé dans une telle défaite, qu'il a été sans ressources, sans asile, sans amis, et rejeté de ses sujets. Le Roi est encore rentré dans ses Etats. Où sont les actions de grâces qui ont été rendues à Dieu pour un miracle si éclatant ? Le Roi, pendant tout ce récit, pleurait ; je lui voyais couler les larmes sur les joues. *Je lui rappelle des particularités qui m'ont été annoncées de son exil*, et il m'a dit : — Gardez-en le secret : il n'y aura que Dieu, vous et moi, qui saurons jamais cela. — Il m'a toujours été dit que je parviendrais à vous parler, et que je parviendrais à faire l'affaire qui m'avait été annoncée, et je vois bien qu'il ne m'a pas trompé

(l'Ange) , puisque me voilà aujourd'hui avec vous. Il m'a été dit que vous ne chancelleriez pas pour croire quand je vous dirais ces choses. — Non, je ne puis chanceler, puisque c'est la vérité. Ne vous a-t-il pas dit comment il fallait que je m'y prenne pour gouverner la France? — Non, il ne m'a fait aucune mention que de tout ce qui est dans les écrits; le Ministre a les écrits comme les choses ont été annoncées. — Ne vous a-t-il pas été dit que j'ai déjà envoyé des ordonnances pour tout ce dont vous m'avez parlé ? — Non, on ne m'en a pas fait mention. Je me lève, et en me levant, j'ai dit au Roi : Il m'a été annoncé de vous dire que vous êtes trop bon, et que votre grande bonté vous conduirait à de grands malheurs : il m'a été dit aussi que, puisque vous portiez le titre de Roi TRÈS-CHRÉTIEN, car je ne sais pas, moi, si on vous appelle comme ça, il fallait vous efforcer de faire rentrer le peuple dans la CHRÉTIENTÉ.

— Si toutefois il revient, vous lui demanderez comment il faudra que je m'y prenne pour gouverner. — Il m'a été dit qu'une fois que ma commission serait faite auprès du Roi, je ne verrais plus rien, et que je serais tranquille. — Rappelez-moi ce que vous avez vu le 26 mars. — Comme je commençais à écrire à mon frère, la même apparition m'est apparue, et m'a dit les choses en ces termes : *Mon ami, je vous avais dit que je ne reviendrais plus vous voir, etc.* (comme il est écrit dans la lettre de Martin à son frère, page 60). Il était alors sur les sept à huit heures du matin ; avant que de s'en aller, il m'a dit : *Je vous donne la paix, n'ayez aucun chagrin ni inquiétude* (1). — Je savais tout cela, mais je voulais l'entendre de vous. N'avez-vous rien vu depuis le 26 mars ? — Si : le jeudi d'après, comme

(1) On lit dans les rapports des médecins au Ministre, que, « Quoique Martin eût été fort tranquille, » il sentit depuis ce moment un calme et une paix » qu'il n'avait pas encore éprouvés. »

j'étais, sur les cinq heures après-midi, dans le jardin, il s'est présenté devant moi, et m'a dit : *Pourquoi n'allez-vous pas à la visite?* Je lui ai dit : J'y vais, etc. (comme il est écrit ci-dessus, page 63).

» Le dimanche suivant, j'étais, sur les deux ou trois heures de l'après-midi, dans le jardin; il m'a apparu, et m'a dit : *Il y aura encore des discussions sur cette affaire* (et le reste comme ci-dessus, jusqu'à ces mots : *Rendez témoignage de ce que vous avez vu et entendu*, page 68).

» Le Roi écoutait tout cela en me regardant et sans me rien dire. Ici il m'a dit : C'est le même Ange qui conduisit le jeune Tobie à Ragès, et qui l'a fait marier; et il m'a pris la main en me disant : Que je touche à la main que l'Ange a serrée : priez toujours pour moi. — Bien sûr, Sire, que moi et ma famille, ainsi que M. le Curé de Gallardon, avons toujours prié pour que l'affaire réussît. — Quel âge a-t-il, M. le Curé de Gallardon? Y a-t-il long-temps qu'il est avec vous? — Il est à-peu-près dans les 60 ans; c'est un brave homme: il y a à-peu-près cinq à six ans qu'il est chez nous. — Je me recommande à vous, à lui et à toute votre famille. — Bien sûr, Sire, qu'il est bien à désirer que vous restiez; parce que, si vous veniez à partir, ou qu'il vous arrive quelque malheur, nous ne risquerions rien aussi nous autres de nous en aller, parce qu'il y a aussi de mauvaises gens dans notre pays : il n'en manque pas.

» Ici j'ai répété au Roi ce que je lui avais dit au sujet des Dimanches et Fêtes, et des désordres, etc. (voyez à ce sujet les différentes apparitions), et je lui ai dit que c'était là LE PRINCIPAL; et le Roi m'a répondu : Je ferai en sorte d'y remédier. J'ai salué le Roi en lui disant : Je vous souhaite une bonne santé. Il m'a été dit qu'une fois ma commission faite auprès du Roi, je vous demande la permission de m'en retourner au centre de ma famille, comme il m'a été annoncé que vous ne me refuseriez pas. — Puisque vous avez été obéissant jusqu'à présent, je ne veux pas vous rendre désobéissant ; j'ai donné des ordres pour vous renvoyer. — Il m'a toujours été annoncé qu'il ne m'arriverait aucune peine ni aucun mal. — Il ne vous en arrivera pas non plus, vous vous en retournerez demain ; le Ministre va vous donner à souper et à coucher, et des papiers pour vous en retourner. — Mais je serais content si je retournais à Charenton pour leur dire adieu, et pour prendre une chemise que j'ai laissée. — Cela ne vous a-t-il pas fait de la peine d'être à Charenton? Y avez-vous été bien? — Pas du tout de peine; et bien sûr que si je n'y avais pas été bien, je ne demanderais pas à y retourner. — Eh bien, puisque vous désirez y retourner, le Ministre vous y fera conduire de ma part.

» Je suis retourné rejoindre mon con-

ducteur, qui m'attendait, et nous avons été ensemble à l'hôtel du Ministre (1). »
Suivent les certificats (2).

« Après avoir lu avec attention l'article ci-dessus et des autres parts, j'ai reconnu que le tout était véritablement conforme à tout ce que j'ai vu et entendu, et rapporté à différentes fois et à toutes les personnes dénommées, d'a-

(1) *Extrait d'une lettre à un ami, écrite par une personne qui a vu Martin le soir même de son entretien avec le Roi.*

2 avril 1816.

« Tout est terminé d'aujourd'hui ; la conviction est entière, et la scène arrosée de larmes. *La mission* est complètement remplie, et comme elle devait l'être.... Le bonhomme part demain pour son pays, la paix et la tranquillité dans l'âme comme toujours, mais plein d'amour et de vénération pour celui qu'il ne connaissait pas auparavant. Adieu, je vous embrasse, etc. »

(2) Ces certificats ont trait à cette dernière relation, et à un abrégé de ce qui précède, concernant les événements arrivés à Thomas Martin depuis le 15 janvier.

près les déclarations que Martin m'en a faites depuis le 15 janvier 1816.

En foi de quoi j'ai signé, le 13 mai 1816.

Signé, LAPERRUQUE, Curé de Gallardon. »

« J'ai lu attentivement avec M. le Curé, qui m'a aidé, toutes les pages de cet écrit, et j'ai reconnu que tout était bien véritable, comme je l'ai vu et entendu, et éprouvé à toutes les fois ; il y a même moins que plus.

Fait à Gallardon, le 13 mai 1816.

Signé, Thomas MARTIN.

Pour copie conforme,

Signé, le Comte de BRETEUIL. »

Martin, suivant la permission qu'il en avait obtenue de Sa Majesté, est retourné à Charenton, où il a passé la nuit. Il a fait ses adieux et témoigné toute sa reconnaissance à M. le Directeur de la Maison de santé, lequel a eu toutes les peines du monde à lui faire accepter 25 francs pour son voyage.

Le lendemain matin, 3 avril, il est venu à Paris, chez le Médecin en chef de l'Hospice de Charenton, et, dans cette circonstance, il s'est montré tout aussi simple, tout aussi naïf qu'avant d'avoir vu le Roi : il n'a pas cherché à s'en faire valoir.

De chez M. Royer-Collard, Martin s'est rendu chez le Ministre, qui lui a fait délivrer ses papiers, et l'a forcé de recevoir une gratification de la part du Roi : Martin refusait de l'accepter; mais le Ministre lui ayant dit qu'on ne pouvait en aucune sorte refuser un don de Sa Majesté, il s'est rendu à cette raison.

Le 6 avril, Martin est venu à Chartres, et s'est présenté à M. le Préfet; il paraît qu'il avait une lettre de M. le Curé de Gallardon, qui témoignait que cette affaire ne pouvait plus être désormais regardée autrement que comme miraculeuse.

Martin a raconté à M. le Préfet, avec autant de naïveté que de sincérité, ses apparitions, et toutes les circonstances de son voyage de Paris, sa conduite au Ministère de la police, à la Maison de Charenton, sa comparution devant Sa Majesté, et tout ce qui s'en est suivi.

M. le Préfet a recommandé à Martin la plus grande discrétion; et celui-ci, de son côté, après lui avoir fait son rapport, a ajouté qu'il ne pouvait lui en dire davantage; que les particularités qu'il avait révélées au Roi étaient un secret qu'il avait refusé de faire connaître au Ministre, et que rien au monde ne les lui ferait divulguer, d'après la promesse qu'il en avait faite à Sa Majesté.

Ce brave homme, après cette dernière visite, a repris ses travaux ordinaires et sa vie simple et champêtre, évitant de parler indiscrètement de ce qui lui est arrivé, et s'étant défait adroitement des curieux du pays qui sont venus le questionner. Quand vous avez des affaires, leur dit-il, n'allez-vous pas les faire ? hé bien, j'ai été de même faire les miennes.

L'on a appris, par une voie certaine, que le Roi est convenu que Martin lui avait dit des choses cachées qui n'étaient connues que de Dieu et de lui, et qu'il a témoigné que Martin n'était ni fou ni aliéné.

Martin, comme l'ont observé des personnes judicieuses, n'a pas cru être obligé de garder le secret sur tout ce qui s'était dit et passé entre le Roi et lui, mais seulement quant au seul article au sujet duquel le Roi lui a dit : *Gardez-en le secret : il n'y aura que Dieu, vous et moi, qui saurons jamais cela.* C'est ainsi qu'il a observé le double précepte contenu dans les paroles de l'Archange Raphaël : *Il est bon de garder le secret du Roi, mais il est honorable de révéler et de publier les œuvres de Dieu.* (Tobie, 12, 7.)

NOTE RELATIVE A LA PAGE 36.

Selon le rapport des Médecins, du 6 mai 1816, l'Ange dit à Martin-que, *si on ne faisoit pas ce qu'il ordonnoit, la France n'auroit point de paix avant l'année* 1840.

MAISON ROYALE DE CHARENTON.

Questions proposées sur le sieur Thomas-Ignace Martin, *par* M. Royer-Collard, *médecin en chef de la Maison de Charenton, et spécialement chargé, par Son Excellence le Ministre de la Police générale, de le traiter.*

QUESTIONS.	RÉPONSES de M. le Curé.	RÉPONSES de M. le Maire.
1re.	1re.	1re.
A-t-on connaissance qu'il ait existé dans la famille du sieur Martin, soit parmi ses aïeux directs, soit même parmi ses ascendants latéraux, une ou plusieurs personnes qui aient été aliénées, et qui aient eu seulement une imagination ardente ou un caractère bizarre? L'apoplexie, la paralysie, et en général les affections nerveuses, ont-elles été observées plus	*Nota.* La plupart des réponses que j'ai à faire ici ne seront que des redites des notices, indications et certificats que j'ai fournis depuis le 28 janvier à Mgr. l'Evêque de Versailles, à M. le Préfet d'Eure-et-Loir, et à S. Exc. Mgr. le Ministre. La famille Martin, tant du côté paternel que maternel, est une des plus anciennes de Gallardon. On n'a jamais connu	La famille Martin est connue de temps immémorial dans Gallardon, et jamais on n'a entendu dire que qui que ce soit de cette famille ait été affecté des affections ci-contre. De même la famille Ridet, côté maternel de Martin.

QUESTIONS.	RÉPONSES de M. le Curé.	RÉPONSES de M. le Maire.
ou moins fréquemment dans cette famille ?	personne de cette famille attaqué des affections physiques ici demandées. On les a toujours connus pour tranquilles, sobres et honnêtes.	
2.	2.	2.
A-t-on remarqué chez lui quelque chose d'extraordinaire avant le mois de janvier dernier?	Avant le mois de janvier dernier, il était à l'extérieur d'un caractère uni, et ses démarches y répondaient.	Qui que ce soit ne s'est aperçu de rien d'extraordinaire avant l'époque contre-citée.
3.	3.	3.
A-t-il donné à une époque quelconque des signes d'aliénation, même passagère ?	On ne s'est jamais aperçu d'aucunes marques d'aliénation en lui, même passagère.	Jamais Martin n'a donné les plus petits signes d'aliénation, même passagère.
4.	4.	4.
A-t-on eu occasion d'observer chez lui ou une grande susceptibilité nerveuse, ou une imagination prompte à s'exalter à la moindre impression?	Son imagination paisible lui faisait prendre tranquillement tous les événements.	Martin a toujours été d'un caractère uni, paisible et tranquille.

QUESTIONS.	RÉPONSES de M. le Curé.	RÉPONSES de M. le Maire.
5.	5.	5.
S'est-on aperçu que le sang lui portât facilement à la tête, et que, dans certaines circonstances, son visage devînt rouge et ses yeux enflammés ?	Jamais il n'a paru incommodé du sang, son visage et ses yeux ne m'en ont jamais donné aucun indice; il n'a jamais été traité pour aucune maladie par aucun médecin ni chirurgien.	Il n'a jamais éprouvé aucune incommodité causée par le sang; son visage et ses yeux n'ont jamais changé.
6.	6.	6.
A-t-on jamais remarqué chez lui quelques légères atteintes, ou même menaces d'apoplexie, telles que des vertiges, des tournoiements, une tête lourde et embarrassée ?	Il ne s'est jamais douté d'aucune de ces impressions.	On n'a jamais vu aucune marque semblable en lui.
7.	7.	7.
Quel est son caractère? Est-il doux, simple, tranquille, modéré, ou bien emporté, violent, bizarre et dissimulé ?	Il est non-seulement doux, simple et modéré, mais il excelle en tous endroits : on ne croit pas qu'il sache ce que c'est que colère ou emportement; il ne connaît	Le caractère de Martin a toujours été très-doux, tranquille, simple et droit : il n'a jamais fait voir ni colère, ni emportement, ni violence.

QUESTIONS.	RÉPONSES de M. le Curé.	RÉPONSES de M. le Maire.
	pas davantage la dissimulation.	
8.	8.	8.
Quelle a été sa conduite relativement aux affaires politiques? S'en est-il beaucoup occupé? A-t-il pris parti pour ou contre la révolution et les révolutionnaires? A-t-il mis de la chaleur dans ces sortes de discussions? Les événements de 1814, et ceux de 1815 en particulier, ont-ils fait sur lui une forte impression? Comment a-t-il appris le retour de Buonaparte au 20 mars? et la deuxième rentrée du Roi, au mois de juillet suivant, lui a-t-elle causé une joie bien vive?	Les affaires politiques ne l'ont jamais occupé; il a été contre la révolution, parce qu'il croyait qu'elle faisait beaucoup de mal: il a été en butte à la haine des révolutionnaires; il n'est jamais entré dans leurs discussions; il n'a jamais été bien aise du retour de Buonaparte, mais sans agitation; il s'est réjoui, mais sans émotion, du retour du Roi, et, depuis le mois de juillet, est content de la situation présente de l'État, mais il ne le manifeste pas d'une manière marquée.	Il ne s'est jamais mêlé d'affaires politiques; la révolution a toujours semblé lui déplaire, sur tout par rapport aux désordres qu'elle a causés, auxquels il n'a jamais pris part. Il a été tranquille dans les événements contre-cités, de même qu'au 20 mars, rentrée de Buonaparte; semblait cependant fâché de la sortie du Roi; il a pris aussi tranquillement la rentrée du Roi au mois de juillet, s'en est réjoui, mais sans apparat.
9.	9.	9.
A-t-il été habituellement religieux? Est-il instruit passablement	Il a toujours eu un fond de religion; il en remplit les devoirs ponctuelle-	Martin a été reconnu, dans la paroisse, pour s'acquitter exactement

QUESTIONS.	RÉPONSES de M. le Curé.	RÉPONSES de M. le Maire.
de sa religion? En remplissait-il exactement les devoirs avant le mois de janvier dernier? Y mettait-il du zèle et de la chaleur? Avait-il une dévotion ardente et outrée? S'occupait-il beaucoup de matières religieuses? Faisait-il des lectures? Voyait-il des personnes propres à l'exalter sous ce rapport? En parlait-il souvent dans les conversations, et comment?	ment, mais sans s'en prévaloir; il ne s'en occupe qu'à l'église, aux heures d'office public, dans les livres d'office, les seuls livres qu'il ait, parce qu'il n'est pas lecteur. Il ne parle jamais contre ceux qui n'ont pas de religion: enfin, il n'a rien d'exalté en cette matière; je ne le voyais même jamais en particulier. Quand je le rencontrais dans les champs, à son ouvrage, je lui demandais, comme c'est assez ma coutume envers tous les autres: Comment va l'ouvrage? Il me répondait d'une manière aisée: « M. le Curé, » vous êtes bien hon» nête; cela va » bien. » Martin connaissait bien ces deux commandemens de l'Eglise: *Tous tes péchés confesseras, etc.* *Ton Créateur tu recevras, etc.*	de ses devoirs de religion, mais sans emphase et sans prétention. Il n'est point lecteur; il n'a que des livres d'église.

QUESTIONS.	RÉPONSES de M. le Curé.	RÉPONSES de M. le Maire.
	Il était exact à les accomplir; mais si exact, si littéralement exact, que je ne le voyais qu'une fois par an.	
10.	10.	10.
A-t-on remarqué qu'il eût l'esprit faible et facile à ébranler? Lui faisait-on croire facilement des choses extraordinaires? Sait-on si dans sa jeunesse on lui a fait des contes de sorciers ou de revenants, et s'il en avait conservé l'impression? Sait-on aussi s'il avait eu occasion d'entendre parler de prédictions ou d'annonces relatives aux temps actuels, et s'il en avait été frappé?	Tout simple qu'il est dans sa conduite et dans son intérieur, je ne crois point qu'il soit facile à ébranler. Il est capable de soutenir sa pointe, quand il est attaqué à tort. On ne s'est jamais occupé dans sa maison de contes de sorciers ou de revenants. Je crois que si on lui en parlait, il les mépriserait. Il ne connaît pas les prédictions. En général, je ne crois pas que rien de semblable l'ait jamais frappé.	Il n'a jamais passé pour esprit faible ni porté à croire des choses extraordinaires. Les contes de sorciers et de revenants n'ont jamais été d'usage dans ce pays. Il ne sait pas ce que c'est que prédictions.

QUESTIONS.	RÉPONSES. de M. le Curé.	RÉPONSES de M. le Maire.
11.	11.	11.
Enfin, a-t-on remarqué dans tout l'ensemble de sa vie physique et morale quelque chose qui ait pu le disposer aux accidents qu'il a éprouvés, ou influer sur leur production?	Je n'ai connaissance d'aucune cause qui ait produit en lui les sensations qu'il a éprouvées depuis le 15 janvier dernier. J'ai ri (1) des premiers rapports qu'il m'en a faits. Je me suis appliqué à lui en détourner l'imagination. Ce n'est qu'après deux semaines de nouveaux retours que je me suis déterminé, d'après ses demandes réitérées, de l'envoyer à Mgr. l'Évêque de Versailles. Je certifie tout l'énoncé ci-dessus, et des autres parts, véritable, selon les connaissances que	On n'a jamais rien remarqué d'extraordinaire dans le vie de Martin, uniquement occupé de ses travaux de labour, ne fréquentant jamais les cabarets ni les lieux de jeux. Ce que je certifie véritable dans tout son contenu. Ce 21 mars 1816. *Signé* GEORGES, Maire de Gallardon.

(1) Un manuscrit authenthique porte : *Je n'ai ri*, ou *J'en ai ri*.

QUESTIONS.	RÉPONSES de M. le Curé.	RÉPONSES de M. le Maire.
	je me suis procurées sur les lieux. Ce 20 mars 1816. *Signé* Laperruque, Curé de Gallardon.	

Pour copie conforme :

Le Préfet d'Eure-et-Loir,

Signé le comte de Breteuil.

Après ces témoignages authentiques sur la personne du sieur Martin, nous croyons devoir consigner ici un fait nouveau, qui fera voir avec quel désintéressement ce brave homme se conduit encore maintenant par rapport à tout ce qui lui est arrivé. Au commencement de janvier dernier (1817), une personne de considération, qui connaissait la médiocrité de son état, sachant de plus que sa femme était enceinte d'un cinquième enfant depuis son retour à Gallardon, lui a fait proposer cent cinquante francs pour subvenir à cette circonstance. L'offre en a été faite par un tiers au sieur Martin ; mais il a répondu ingénument : « Ce ne peut toujours être qu'à cause » des choses qui me sont arrivées qu'on » m'offre de l'argent ; car sans cela on » ne parlerait pas de moi, on ne me » connaîtrait même pas ; mais comme » la chose ne vient pas de moi, je n'en » dois pas recevoir pour cela : ainsi, » vous remercierez bien cette personne, » car, quoique je ne sois pas riche, je » n'en veux rien recevoir. » On peut compter sur la certitude de ce fait, qu'on tient de celui même qui s'était chargé de faire cette offre au sieur Martin.

RELATION

DE M. ACHER,

ANCIEN CHANOINE DE CHARTRES,

TOUCHANT LA MISSION DE THOMAS MARTIN EN 1816.

Ayant résolu d'écrire en peu de mots, et avec toute la vérité possible, le détail des faits, dans leur ordre, et les circonstances, concernant les apparitions d'un esprit céleste, revêtu d'un corps humain, dont Thomas-Ignace Martin a été favorisé du ciel, je crois ne pouvoir me dispenser, avant de commencer le récit d'un événement des plus remarquables arrivé à ce bon Israélite, de donner une idée de sa personne.

Thomas-Ignace Martin, petit cultivateur, habitant de Gallardon, près Chartres, âgé de trente-trois ans, père de quatre enfants, simple dans ses manières, n'affectant aucune singularité, incapable de feindre et de rien dissimuler, dont la piété et la vertu font le caractère principal, s'acquittant sans respect humain de ce qu'il doit à Dieu, et se faisant connaître par sa probité et l'innocence de ses mœurs.

Le 15 janvier 1816, ledit Thomas Martin étant dans son champ à épandre du fumier sur du trèfle, il lui apparut subitement un homme d'une physionomie ordinaire, le teint blanc, mince de corps, taille de cinq pieds deux ou trois pouces environ, vêtu d'une redingote blonde et très-longue, chapeau rond à haute forme. Ce personnage dit à Martin : — « Allez dire au Roi que sa » personne et celle des Princes sont en » danger; qu'on tente de renverser le » Gouvernement ; que plusieurs écrits » séditieux circulent dans ses États (1). » — Martin alors, se ressentant de la présence du fumier, répond à cet homme : « Voilà-t-il pas qu'avec des mains comme

(1) Voyez pour le reste de cette annonce l'entretien de Martin avec le Roi, ci-après.

» çà j'aille parler au Roi; mais vous qui » en savez si long, et qui avez plus d'es- » prit, que n'allez-vous vous-même faire » votre commission? ou bien que ne » vous adressez-vous à d'autres qui sont » près du Roi? — Non, c'est vous qui » irez : vous verrez le Roi, vous lui par- » lerez; faites bien attention à ce que » je dis. Vous ferez certainement ce que » je vous commande. » Cela dit, cet homme s'élève de terre à la hauteur de trois ou quatre pieds, sa tête s'abaisse, tout son corps s'empelote et disparaît. Revenu un peu de sa frayeur, Martin reprend son travail; mais tandis que quelques heures doivent lui suffire à peine pour achever sa besogne, elle se trouve terminée en beaucoup moins de temps. Une nouvelle frayeur s'empare de Thomas, il se retire promptement, rentre chez lui, garde un profond silence vis-à-vis de sa femme, et ne fait part de son aventure qu'à son frère Jacques.

Le 18, Martin va dans sa cave chercher des pommes pour le souper de sa famille. Tandis qu'il s'occupe à faire un choix et à mettre à l'écart le fruit gâté, il aperçoit à ses côtés le personnage qui lui avait apparu précédemment, qui, se tenant debout, semblait occupé à le voir faire. A cette vue, Martin, effrayé, laisse tout à l'abandon, et, au défaut de la lumière, se heurte rudement une jambe contre les marches de l'escalier.

Le 20, Martin va dans un local qu'il nomme la foulerie chercher de la pâture pour ses chevaux. Comme il est prêt à y entrer, la porte s'ouvre d'elle-même, et le personnage se trouve placé sur le seuil de cette porte. A cette vue, Martin, saisi d'une grande frayeur, se retire aussitôt.

Jacques Martin, le seul confident de son frère Thomas, lui conseille de faire part à M. le Curé de ce qui vient de se passer. Celui-ci, peu crédule par caractère, rejette tout ce que Martin lui rapporte de ses apparitions, comme n'ayant d'autre fondement que son imagination, de sorte qu'il le renvoie, après l'avoir exhorté à s'occuper de ses travaux comme par le passé, à bien manger et bien dormir. — Je m'acquitte de tout cela, lui réplique Martin, mais quant à ce que je vous ai rapporté, je sais bien ce qui en est. J'ai bien vu, bien entendu, et mon imagination n'est sûrement pour rien dans cette affaire.

Le 21, c'était un dimanche, Martin, à l'heure de vêpres, s'achemine à l'église. A peine y est-il parvenu, l'apparition se présente devant lui, au moment qu'il trempe ses doigts dans le bénitier, l'apparition fait de même; elle le suit pendant qu'il va rejoindre son banc. Martin, qui s'aperçoit de sa démarche, se persuade qu'elle veut y occuper une place, mais comme il ne saurait s'accommoder d'un tel voisinage, il prend la précaution de fermer l'entrée du banc aussitôt qu'il en a pris possession. Le personnage s'arrête auprès et s'y fixe tout le temps de vêpres. Martin observe que ce personnage se tient alternativement ou assis ou debout, lorsque les assistants sont dans l'une ou l'autre de ces différentes situations. L'office étant fini, Martin voudrait se retirer, mais il n'ose, retenu par la crainte que ce personnage vienne à sa poursuite. Mais pour remédier à cet état de perplexité, il est un moyen que lui suggère son imagination; le voici : c'est un usage religieux et immémorial que des âmes pieuses récitent à haute voix les prières du chapelet après l'office du soir les dimanches et autres fêtes. Martin y participe par son assistance ; il se flatte ou du moins il espère que dans l'intervalle le personnage qu'il a sous les yeux disparaîtra. Vain espoir : les prières sont achevées, et le personnage occupe encore la même place. Martin prend enfin son parti. Le personnage ne le quitte pas, le poursuit même hors de l'église, marche sur ses traces, et Martin de redoubler le pas. Un de ses amis l'appelle à plusieurs reprises pour lui demander le sujet de sa vitesse, Martin est sourd à sa voix, il n'est préoccupé que de sa peine: parvenu près du logis, il sera très-facile, ce lui semble, de se débarrasser de cette poursuite importune, en prenant le soin de fermer sa porte. Précaution inutile : le personnage est placé au même instant à l'entrée de sa maison et obstrue le passage. Mais quel changement s'opère alors dans l'esprit de Martin? Comment se fait-il que la peur dont il se sentait oppressé il n'y a qu'un moment, ait tout-à-coup cédé la place à la curiosité, et qu'arrêté face à face de ce personnage il prenne plaisir à le considérer attentivement, se disant à lui-même : Assurément il ne tardera pas à disparaître comme de coutume. Que je voie si ce sera de même que la première fois. Mais tandis que Martin se laisse ainsi bercer par son imagination dans cette frivole pensée, le personnage prononce ce peu de mots: « Point de com» mission faite, point de repos, » et disparaît en même temps. Martin rentre chez lui et dissimule envers sa femme l'affliction dont il est pénétré, lui demandant néanmoins, si elle n'a pas vu pendant vêpres une personne inconnue qui n'a cessé pendant tout le temps de se tenir auprès de lui; sa femme l'assure qu'elle ne s'est aperçue de rien.

Le 24, sur l'invitation des parents de Martin, M. le Curé offre le saint sacrifice pour implorer l'assistance du Saint-Esprit, au sujet de ce qui les intéresse dans la personne de Thomas. Celui-ci, deux heures après cet acte de piété, retiré dans son grenier pour donner ses soins au produit de sa récolte, entend une voix très-forte qui articule ces paroles : « Que ne fais-tu ce que je t'ai » commandé? car le temps presse. » Martin, saisi d'épouvante, prend la fuite, et prend la résolution de quitter sa maison, son pays même, pour se délivrer de ces cruelles importunités. Peu de jours après, comme il travaillait dans son enclos, l'esprit encore préoccupé de sa résolution, le personnage lui apparut et lui parla de la sorte : « Vous » avez formé le dessein de vous éloigner

» d'ici ; mais sachez que vous ne sau-
» riez vous éloigner assez, que je ne
» vous retrouve partout. Apprenez de
» plus que vous n'aurez de tranquillité
» que lorsque vous vous serez acquitté
» de votre commission. »

Le 25, Martin se lève de très-bonne heure ; à peine est-il debout qu'il se sent comme accablé d'un poids si considérable, qu'il peut difficilement avancer quelques pas chancelants : il ne saurait ce jour-là et le suivant s'occuper à rien, ni prendre aucune nourriture.

Le 27, Martin rend compte à son Curé de ce qu'il a éprouvé les jours précédents, et lui demande conseil sur le parti qu'il doit prendre en pareilles circonstances. Le Curé, après quelques moments de réflexion, lui annonce qu'il ne veut pas être juge dans cette affaire. Cependant, ajoute-t-il, vous pouvez vous-même en instruire Mgr. l'Évêque. Je vous offre une lettre qui, sans renfermer aucun détail, invitera Mgr. l'Évêque de vous interroger. Martin saisit avec empressement l'avis prudent et sage de son Curé, fait ses dispositions de voyage, et part le même jour (1).

Martin raconte à Mgr. l'Évêque tout ce qui lui est survenu d'extraordinaire. Il répond avec une présence d'esprit très-remarquable aux questions qu'on juge à propos de lui faire ; il ne se déconcerte point et ne se contredit point. Assuré enfin qu'on n'oubliera pas son affaire, d'après la promesse qui lui en a été faite, il exécutera de son côté l'ordre qui lui est donné, que si l'apparition se montre de nouveau, il lui demande son nom, d'où elle vient, et de la part de qui. Il rendra compte à son Curé, lequel en instruira Mgr. l'Évêque.

Quelques jours après, Mgr. l'Evêque de Versailles annonce au Curé de Gallardon que l'homme qu'il lui a envoyé paraît avoir de grandes lumières sur l'objet important dont il est question ;

(1) Voy. les *Notes* placées à la fin de cette Relation.

et qu'il lui a prescrit la manière dont il doit se comporter par la suite.

Martin, de retour à Gallardon, témoigne une grande satisfaction de l'heureux succès de son voyage à ses parents. Ma commission, leur dit-il, est enfin terminée : Mgr. l'Évêque m'a promis de se charger de tout. Martin a beau se flatter, le terme de sa sollicitude est encore bien éloigné; il ne jouira pas long-temps de cette tranquillité qui fait le charme de sa vie.

Enfin, le 30 janvier, à l'heure où Martin était aux champs à décharger du fumier, le personnage se présente à lui de nouveau. « Votre commission est » bien commencée, dit-il à Martin; » mais celui qui l'a entre les mains n'en » fait rien. J'étais présent lorsqu'on vous » a interrogé : on vous a recommandé de » vous informer de mon nom, d'où je » je viens, et de quelle part. Mon nom » doit être caché. Je viens de la part » de celui qui m'envoie, et celui qui » m'envoie est au-dessus de moi. »

Martin replongé alors dans la peine dont il se croyait délivré pour toujours, la tristesse peinte sur le visage, dit à cet homme : « Pourquoi venez-vous en-
» core me trouver? vous voyez bien que
» que je ne suis qu'un paysan, et mal-
» gré cela vous voulez que j'aille parler
» au Roi? »

« Oui, vous-même, Dieu le veut ainsi,
» pour abattre l'orgueil. Pour vous, ne
» ne vous enorgueillissez pas de ce que
» vous venez d'entendre; car l'orgueil
» déplaît souverainement à Dieu. Pra-
» tiquez la vertu; assistez aux offices de
» votre paroisse les dimanches et les
» fêtes; fuyez les cabarets et les mau-
» vaises compagnies, où se tiennent
» toutes sortes de mauvais discours : ne
» voyagez pas le jour du dimanche et
» des fêtes. »

Le 31 même mois, l'apparition dit à Martin : « Mon ami, on met beaucoup
» de lenteur dans ce que j'ai comman-
» dé..... Voici bientôt le temps de pé-
» nitence et de réconciliation qui ap-

» proche..... La Famille royale avait » fait des vœux et des prières pour » obtenir de Dieu qu'il la fît rentrer » dans sa légitime possession ; mais, » exaucée cette fois, elle a, pour ainsi » dire, tout oublié. Pendant le second » exil, mêmes prières et mêmes vœux » pour rentrer dans ses droits, et de- » puis elle retombe dans les mêmes » penchants..... » Martin, qui ignore ce que signifie ce mot *un penchant*, en demande l'explication à son Curé.

Le 5 février, le personnage dit à Martin, qui alors travaillait à la charrue : « Hâtez mon affaire, car ceux qui » maintenant l'ont entre les mains sont » enivrés d'orgueil. » Martin se dit en lui-même : Pourquoi vient-il toujours me commander une chose comme ça? et pourquoi s'adresse-t-il toujours à moi? — « Ce n'est pas à vous de vous » inquiéter de ces choses-là ; elles sur- » passent votre imagination ; mais faites » seulement ce que je vous ai com- » mandé. »

Sur ces entrefaites, M. le Curé rédige par écrit les rapports que lui vient faire Martin, d'après l'avis de Mgr. l'Evêque, qui, vu l'importance d'un événement si extraordinaire, croit devoir le considérer comme une affaire ministérielle et de police. En conséquence, il communique au Ministre sa correspondance à cet égard avec le Curé de Gallardon.

Le 8 février, à trois heures après-midi, Martin travailloit au labour. Son frère Jacques travailloit aussi un champ voisin; les deux frères étoient par conséquent à portée de se parler et de se voir l'un l'autre. Martin arrête ses chevaux pour dégager sa charrue de la terre qui l'engraisse. Le personnage se présente, et lui ordonne de dételer sur-le-champ, de rentrer promptement chez lui et d'aller faire sa commission. Martin oppose de la résistance à cet ordre, il sent de la répugnance à quitter son labour. Obligé enfin de céder, il obéit à regret. Jacques, ayant aperçu son frère dans l'attitude de quelqu'un à qui l'on parle et qui écoute, se doute de ce qui se passe. Il veut arrêter ses chevaux pour considérer attentivement; les chevaux vont toujours très-vîte, quelque effort qu'il fasse pour les retenir. Obligé de les suivre, il s'éloigne de son frère, qu'il aperçoit avec étonnement se retirer dans un moment aussi favorable pour le travail. A peine Martin est rentré chez lui, qu'un gros nuage crève, une pluie d'orage tombe à flots et inonde la campagne. Dans le courant du même mois, le personnage a apparu de nouveau à Martin pour lui annoncer « Que la France » seroit en proie à de grands malheurs et » en opprobre à toutes les nations; et que » si elle ne se hâte de mettre fin à ses » désordres, elle sera dans l'agitation » jusqu'à l'année 1840. »

Le 5 mars, l'apparition dit à Martin: « Vous irez bientôt comparaître devant » le premier magistrat de votre arron» dissement. Parlez franchement, libre-

» ment; n'ayez égard ni à la qualité ni
» à la dignité. »

Dès le lendemain même, au moment que M. le Curé écrit ce rapport sur ses tablettes, un ordre lui parvient de la part de M. le comte de Breteuil, préfet de ce département, qui lui enjoint de se rendre au plus tôt auprès de ce magistrat, accompagné de Thomas Martin. En conséquence, le Curé et Thomas se présentent à la Préfecture. Le Curé premièrement est seul admis à l'audience. Le Préfet dit au Curé : Votre homme est-il ici? — Oui, Monsieur. — Quelle est donc l'affaire qui se passe chez vous? Voici un ordre du Ministre, avec une de vos lettres datée du 14 février. — Je ne m'attendois pas que ma lettre à l'adresse de mon supérieur canonique dût être communiquée au Ministre? Quoi qu'il en soit, permettez, Monsieur, que je vous donne lecture de ce que j'ai couché sur le papier, d'après les rapports de Martin. La lecture achevée, le

Préfet s'informe en tout sens de Martin. Il se persuade même que c'est un homme ambitieux, qui, pour obtenir quelque place, s'avise de jouer le rôle d'inspiré. Mais son Curé, qui le connaît parfaitement, le blanchit de ce soupçon, et n'a que de bons témoignages à rendre en sa faveur, et surtout de son parfait désintéressement. Sur votre parole, dit le Préfet au Curé, je ne doute plus des bonnes qualités de cet homme ; mais nous ne sommes plus au temps où Dieu faisait des miracles, surtout de cette nature. — La puissance de Dieu n'est pas limitée par le temps, dit le Curé. — Mais pourquoi Dieu n'envoie-t-il pas à la personne intéressée elle-même, par exemple au Roi, et pourquoi Dieu va-t-il chercher un homme dans cette classe ? — Dieu, pour faire éclater sa puissance, choisit souvent ce qui aux yeux du monde paraît le plus méprisable. — Tout cela cependant est bien singulier et bien extraordinaire. Je veux voir cet homme et l'interroger à son tour. Martin se présente, son pasteur lui cède la place pour vaquer à quelque affaire qui l'appelle en ville. L'entretien de M. le Préfet avec Martin cessoit à peine lors du retour du Curé, après cinq quarts-d'heure d'absence. En vérité, dit le Préfet, je ne me lassois pas d'entendre cet homme me raconter des faits si étonnants. La naïveté, la simplicité qui accompagnent ses réponses, me surprennent à un tel point, que je reste comme stupéfait et les bras m'en tombent de surprise. Tout ce que vous avez écrit à ce sujet n'est rien auprès. Après un tel aveu, le Préfet dit à Martin de se retirer pour un moment. — Eh bien! qu'en pensez-vous? dit le Préfet au Curé. — Je vous ai fait mon rapport. — Mais enfin, que pensez-vous de tout cela? — Je suspens mon jugement; au surplus, écrivez à Mgr. l'Évêque: il est informé de toute cette affaire. — C'est aussi ce que je me propose, répond le Préfet. En attendant, je vais envoyer cet homme au Ministre; il faut qu'il le voie et l'entende lui-même.

Donnez-moi un certificat de lui, que je veux joindre à ma lettre. Martin est rappelé : le Préfet lui parle en ces termes : — Si vous comparaissiez devant une autorité supérieure à la mienne, par exemple devant le Ministre, soutiendriez-vous ce que vous avez avancé en ma présence ? — Oui, Monsieur, quand même ce seroit devant le Roi. — Mais si on vous menaçoit de prison ou de plus grandes peines, ne changeriez-vous pas de langage et de sentiment ? — Non, Monsieur ; et d'ailleurs, qu'aurois-je à craindre, puisqu'il m'a été dit qu'il ne me seroit fait aucun mal. — Eh bien ! vous irez demain à Paris. J'ai ici quelqu'un qui vous y accompagnera.

Cette annonce inattendue, loin de contrarier Martin, à la manière même dont il la reçoit, semble être au contraire l'objet de ses désirs. Il se promet, par ce moyen, d'être incessamment à portée d'atteindre son but, et de voir le terme de sa peine. Cependant les soins qu'il doit à son cheval viennent tout-à-coup l'occuper, et lui servent de prétexte pour se retirer, avec promesse de sa part d'être de retour à l'heure précise qui lui est indiquée. Mais ce terme étant déjà expiré, on s'ennuie de l'attendre. On envoie à sa recherche, on n'a plus de ses nouvelles, on ne sait ce qu'il est devenu... Mais ne se serait-il pas enfui de crainte qu'à Paris on ne découvre sa fourberie? ou plutôt n'a-t-il pas été saisi depuis de quelque attaque de folie qui lui fait courir les champs? Telle, sans doute, devait être la pensée du Préfet; mais le Curé, s'apercevant de son air rêveur, lui proteste que Martin n'a jamais manqué à sa parole. Du reste, ajoute-t-il, je ne crains pas d'être sa caution. La caution est très-bonne, répond le Préfet. On vient enfin annoncer le retour de Martin; d'où vient-il? que faisait-il? Hélas! sa faute est bien pardonnable. Ce brave homme a été retenu par une de ses sœurs à mon service en qualité de domestique, à laquelle il est venu dire adieu avant son départ et lui apprendre le sujet de son voyage.

Le 7 mars, Martin va à Paris accompagné par un officier de gendarmes, nommé M. André. Ils logent ensemble à l'hôtel de Calais, rue Montmartre, et le lendemain se présentent à la police. A peine Martin a-t-il fait quelques pas dans la cour de l'hôtel du Ministre, que le personnage se présente à côté de lui pour le prévenir qu'il va être interrogé l'exhorte à ne se pas troubler, lui dit et questionné de plusieurs manières, qu'il n'a rien à craindre, parce qu'il ne lui sera fait aucun mal. A neuf heures du matin, M. André et Martin parviennent à la salle du bureau. Son secrétaire attendant le lever de Son Excellence, questionne Martin et lui fait rendre compte de ce qui s'est passé à son égard. Bien plus, on s'informe de l'âge de son Curé, s'il est riche. On blâme Martin d'avoir choisi son Curé pour son confident de préférence au Maire de sa commune. « Oh ! pour cela, réplique » Martin, j'étais bien persuadé que des » affaires comme ça sont plutôt du res- » sort de mon Curé que du Maire de » mon village, qui n'en sait pas plus que » moi. » Après cet examen préalable, on enjoint à Martin de passer chez le Ministre. Un seul individu est admis à cette audience et seul témoin de cette entrevue. Son Excellence questionne Martin, elle tâche de l'embarrasser, de le séduire même par l'appât de l'argent; mais Thomas rejette ses offres, et déclare nettement qu'étant chargé d'une commission auprès du Roi, il se fait un devoir sacré de la remplir. « Les richesses, ajoute Martin, s'allient » rarement avec la vertu. Celui qui pra- » tique la vertu est l'ami de Dieu, et » l'orgueilleux, l'ami du démon et des » réprouvés. » Le Ministre interrompt ce propos, et déclare à Martin qu'il ne voit pas de possibilité pour lui de parler au Roi. « Moi-même, quoique Ministre » de Sa Majesté, je n'oserais prendre

» cette liberté sans ordre par écrit. — « J'ignore tout cela, réplique Martin ; » mais je sais qu'il m'a toujours été dit de » parler au Roi. Cela m'a été confirmé de » nouveau par le personnage dans la cour » de votre hôtel. — Comment est ha- » billé cet homme, quelle taille, quelle » figure, quel âge ? — Vous n'ignorez rien » de tout cela, Monseigneur : c'est rap- » porté mot à mot dans les écrits qui » vous ont été communiqués ; néan- » moins, comme vous désirez l'appren- » dre de moi, je suis prêt à vous satis- » faire. Cet homme, que j'ai vu dans » plusieurs occasions aussi distinctement » que je vous vois actuellement, est » toujours habillé de la même manière, » c'est-à-dire, qu'il est revêtu d'une » redingote blonde très-longue, des » souliers noués avec des cordons, un » chapeau rond à haute forme, taille » de cinq pieds et quelques pouces en- » viron, figure ordinaire et pâle, et » point âgé. — Eh bien ! cet homme, » que vous dépeignez si bien, vous ne

» le verrez plus ; c'est celui-là même » qui, par mon ordre, a été arrêté et » mis en prison ce matin. — Comment » s'y est-on pris pour l'arrêter ; il dis- » paraît comme un éclair ? — S'il dispa- » raît pour vous, il ne disparaît pas pour » tout le monde ; vous serez bientôt » convaincu du fait... » Le Ministre ordonne à quelqu'un d'aller sur-le-champ s'assurer si l'homme en question est renfermé. — « Les ordres de Son Excel- » lence ont été ponctuellement exécu- » tés, a-t-on rapporté deux minutes » après. — Eh bien ! qu'avez-vous à dire » à cela ? — Rien du tout, Monseigneur, » sinon que je voudrois voir cet homme, » pour me convaincre par moi-même si » c'est véritablement lui, ou bien tout » autre qui lui ressemble peut-être. — » Mais le reconnaîtriez-vous bien ? — » Oh ! assurément ; je l'ai vu tant de fois, » que je ne pourrois m'y méprendre. » A cette réponse, le Ministre, pour se tirer d'embarras, ordonne que l'on fasse déjeûner Martin ; celui-ci va dans la cuisine, on lui présente de la viande, il la repousse : « Elle est, dit-il, prohibée en » carême. » On lui sert des œufs, qu'il mange de bon appétit. Durant le repas de Martin, le Ministre fait entrer M. André dans son appartement. — « Croiriez-» vous, lui dit-il, que votre homme m'a » singulièrement embarrassé par ses ré-» pliques? Continuez de le surveiller at-» tentivement; vous serez exact à faire » votre rapport à la police, soit le jour » ou la nuit, n'importe à quelle heure. »

Après le déjeûner Martin rejoint son surveillant; ils se retirent ensemble. Chemin faisant, l'officier blâme Martin du doute qu'il a manifesté de l'emprisonnement de l'homme en question. « Le Ministre, ajoute-t-il, doit se trou-» ver offensé de votre obstination à ne » pas croire sur sa parole. Et moi, ré-» pond Thomas, je suis certain que c'est » un conte fait à plaisir... » Au reste, M. André, sans le moindre doute, ne pense pas différemment; il ne parle ainsi qu'en conséquence des avis et des instructions qu'il a reçus. Ce même jour, Martin était seul dans son appartement; comme il commençait à faire nuit et qu'il éprouvait un peu d'ennui, faute d'occupation, il quitte sa chambre et se dirige vers la salle qu'occupe le maître de l'hôtel, pour se réchauffer à la chaleur du poêle. On lui demande compte de son pays, de son état, de ses affaires, etc.; il répond indifféremment à tout cela, avec la prudence cependant de ne rien ajouter dans la conversation qui puisse avoir quelque rapport à l'objet de son séjour à Paris, et surtout de ce qui, dans la matinée, s'est passé à son sujet chez le Ministre; enfin, après avoir causé, et neuf heures étant près de sonner, Martin demande de la lumière pour aller se coucher. M. André rentre chez lui vers les onze heures; très-étonné, sans doute, de trouver son conchambriste encore debout, lui demande la cause de ce retard à se coucher, si contraire à son ordinaire. « C'est » à cause de vous, répond Martin; je

» vous attends exprès pour vous appren-
» dre que cet homme, que le Ministre
» a assuré avoir été enfermé par son
» ordre, et que je ne devois plus revoir,
» s'est apparemment échappé, car il m'a
» apparu ici même, à l'heure à laquelle
» je me disposais à me mettre au lit. Il
» m'a chargé de dire au Ministre qu'il
» n'a aucun pouvoir sur lui; mais il est
» temps, a-t-il ajouté, que le Roi soit
» informé de ce qui le menace lui et sa
» famille. » Tandis que l'officier va faire son rapport à la police, Martin se couche et s'endort. Le lieutenant, de retour, respecte le sommeil de son voisin, et attend au lendemain pour l'instruire que son rapport a été fait à la police. Le 10 mars, M. André prie Martin de descendre chez le portier réclamer ses bottes; Martin, remontant l'escalier, est arrêté par le personnage, qui lui adresse ces paroles : « Je vous avois dit que mon
» nom devoit être caché; néanmoins,
» attendu que l'incrédulité est très-
» grande, il est nécessaire que je le dé-

» clare : je suis l'Archange Raphaël, » ange très-célèbre auprès de Dieu, qui » me donne le pouvoir de frapper la » France de toutes sortes de plaies. » Vous recevrez aujourd'hui la visite » d'un Docteur; mais celui qui l'envoie » est plus fou que vous; n'appréhendez » rien : vous êtes sain de corps et d'es- » prit. » Martin ne comprend rien à ce mot, un *Docteur*. Parvenu dans la chambre, il fait part à M. André de ce qui vient de se passer. Sur les trois heures du soir, comme Martin se chauffait auprès du poêle dans la salle à manger, un particulier, d'un âge avancé, se présente et demande à parler à M. André : Il est sorti il n'y a pas long-temps, lui répond-on; mais voilà un homme qui loge ici avec lui, désignant Martin, il vous conduira dans son appartement : vous ne serez pas long-temps à attendre. Martin conduit ce particulier, qui lui dit : Vous êtes venu de Chartres avec M. André? — Oui, Monsieur. — Vous êtes sans doute de connoissance avec lui? — Depuis quelques jours seulement ; je ne le connoissois pas auparavant. — Comment se fait-il que, sans vous connoître, vous soyez logés ensemble ? — M. le Préfet de Chartres nous envoie à Paris, M. André et moi, pour comparoître devant le Ministre. — Vous voulez parler au Ministre ? — Je ne suis pas à le voir, je lui ai parlé hier. — Vous avez parlé au Ministre ? Cependant Martin, intrigué de la visite qui lui a été annoncée, et soupçonnant ce particulier d'être celui qui doit le visiter, l'interroge : « Etes-vous Docteur ? » car il m'a été dit ce matin qu'un homme » comme ça devait venir pour me visiter ; » mais il m'a été dit en même temps que » celui qui l'envoie est plus fou que moi... » A ce propos, le particulier sourit, s'approche de Martin, lui tâte le pouls, et se retire sans proférer une parole. Lorsque M. Pinel a tâté le pouls à Martin, celui-ci a bien compris alors ce que c'est qu'un *Docteur* : il avoue que dans son pays il n'a jamais entendu désigner un médecin sous ce nom-là.

C'est à cette époque que se rattache un fait qu'il n'est pas indifférent de rapporter. L'officier, après avoir renfermé Martin à l'hospice de Charenton, en exécution de l'ordre du Ministre, et nul autre objet ne le retenant plus à Paris, se rend de suite à son poste à Chartres. Il communique aux personnes de sa société quelques particularités sur la conduite de son compagnon de voyage à Paris, une, entre autres, qui a compromis la religion de Martin, pour avoir transgressé, sans nécessité, soi-disant, le précepte de l'abstinence de viande un jour prohibé par l'Église. Connoissant les principes de Martin et ne voulant pas laisser le fait dans le doute, j'ai profité, pour l'éclaircir, d'une entrevue que j'ai eue depuis avec ce bon chrétien, en l'invitant toutefois de se justifier de ce bruit calomnieux, convaincu, comme c'est le propre de l'homme juste, d'avoir le mensonge en horreur, et intimement persuadé, sans crainte de me tromper, que Thomas est de ce petit nombre; convaincu dis-je, que si ce qu'on lui impute est fondé, il n'aura garde de le désavouer. En effet, il ne balança pas à me déclarer la certitude du fait; mais il allègue des raisons qui doivent servir pour sa justification, et qu'il m'expose de la manière suivante :

Le 10 mars, dit-il, nous sortîmes ensemble de l'hôtel de Calais, M. André et moi; nous avions parcouru déjà un long trajet, lorsque M. André est accosté dans la rue par un de ses amis; ces Messieurs s'arrêtent et entament une longue conversation. Fixé moi-même à côté d'eux, je les entends parler une langue à laquelle je ne puis comprendre un seul mot; enfin, ces Messieurs se quittent, et nous de continuer notre promenade. Il était six heures du soir : je manifeste à M. l'officier le besoin que je ressens de prendre de la nourriture; nous entrons en conséquence dans une maison où l'on donne à manger, et par événement, quoique ce soit en carême, on n'a que du gras à nous offrir. —Je ne mange point de viande en ce temps, dis-je à M. André. — Mangez ce qu'on vous donne, m'a-t-il répliqué d'un ton un peu sévère; il faut vivre ; voulez-vous mourir de faim? Vous êtes sous ma surveillance et ma responsabilité, je dois par conséquent avoir soin de vous. Au reste, ce n'est pas ce qui entre dans le corps qui damne. « D'aussi foibles raisons, ajoute Martin, n'en imposèrent pas à ma conscience; mais la faim et l'obstination du traiteur à me refuser du maigre furent cause uniquement de ma détermination, témoignant néanmoins le plus vif regret; car je me serais comporté différemment s'il m'eût été libre de prendre mon repas ailleurs. »

Le lendemain, ajoute Thomas, le personnage m'a parlé ainsi : « Ceux au-
» près de qui vous vous êtes arrêté hier
» dans une rue se sont entretenus de
» vous; vous n'avez dû rien compren-
» dre à leurs discours. L'un a dit à
» l'autre que vous êtes à Paris pour

» faire un rapport au Roi, et le premier » a promis au second qu'aussitôt qu'il » seroit de retour dans son pays, il lui » feroit part de cette affaire. Vous re- » cevrez une seconde visite du Docteur » dans la matinée. » Qu'on juge de la surprise de M. André, lorsque Martin lui rapporte un fait aussi frappant! Cet officier est convaincu que l'anglais est absolument étranger à Thomas. Il avoue, comme une chose incompréhensible, que cet homme lui rend compte de l'entretien qu'il a eu la veille avec son ami, tandis qu'il n'a cessé de parler en anglois.

Ce même jour, M. Pinel vient pour la seconde fois faire une visite à Martin, à quatre heures du soir. Il trouve son prétendu malade à table. « M. le Doc- » teur, lui dit celui-ci, je vous ai at- » tendu en vain jusqu'à l'heure pré- » sente; mais ne vous voyant pas arriver, » j'ai cru qu'on m'avoit trompé : c'est » pour cela que vous me voyez en si

» bonne disposition. » — L'appétit va donc bien? — Ça ne manque pas par-là. — Laissez-là votre dîner et me suivez dans votre chambre. Martin obéit aussitôt. Parvenu dans l'appartement, il souffre avec patience qu'on lui tâte le pouls, qu'on examine avec le plus grand soin si dans son regard et dans ses manières on aperçoit quelque signe pronostic de folie. Mais tandis que M. Pinel est livré à ce grave et sérieux examen, « M. le Docteur, je ne serai » tranquille, lui dit Martin, que quand » j'aurai rempli ma commission. Il faut » absolument que je parle au Roi. — » Ce ne sera rien que cela, nous ferons » passer cette maladie. — Ma maladie? je » n'en connus jamais d'autre, si c'en est » une, que de bien travailler, bien » manger et bien dormir. » Sur ces entrefaites, M. André arrive très-à-propos pour rassurer le Docteur sur son prétendu malade. « Vous pouvez vous » en rapporter sur la parole de cet

» homme et la mienne, dit-il à M. Pi-
» nel, je puis vous assurer qu'il mange
» bien et dort encore mieux. »

A peine le Docteur s'est-il retiré, M. l'officier, l'âme aveuglée par la curiosité, témoigne à Martin un grand désir de voir le personnage qui lui apparoît. Martin, dont la modestie se montre dans toutes les occasions, répond ingénument que cela n'est pas en son pouvoir. Néanmoins, dit-il, si l'apparition m'en fournit le moyen, j'aurai l'attention de vous en prévenir. Le lendemain, à sept heures du matin, lorsque Thomas finissait de s'habiller, le personnage apparoît à l'endroit de la chambre le plus près de la fenêtre. — « Pourquoi,
» dit-il, ne veut-on pas faire ce que je
» commande? Eh bien! plusieurs villes
» de la France seront détruites de fond
» en comble, à peine restera-t-il pierre
» sur pierre. En outre, la France sera
» en proie à tous les malheurs : un fléau
» succédera à un autre fléau... » Cette épouvantable menace frappe Martin

d'un tel saisissement, qu'il se sent à peine la force de prévenir M. André. Cet officier encore dans son lit, la tête appuyée sur le coude, ne dormoit pas, mais paroissoit livré à quelques sérieuses pensées. Martin lui annonce la présence de l'apparition, lui indique la place qu'elle occupe. A l'instant l'officier se précipite du lit, court vers le lieu qui lui est indiqué, tâtonne çà et là, mais rien ne s'offre sous ses mains. « L'apparition change-t-elle de place?— » C'est maintenant de ce côté, dit » Martin; ne la voyez-vous pas, ne » l'entendez-vous pas? elle ne cesse de » me parler. » Nouvelle poursuite de l'officier. « C'est étonnant, dit-il, cou- » rant tantôt d'un côté, tantôt de l'au- » tre, c'est étonnant que je ne voie et » n'entende rien; passe encore de ne » rien voir, mais du moins je devrois » entendre. Vous êtes donc fou, Martin? » — Non, je ne le suis pas. » M. André, averti de l'absence de l'apparition, met fin à cette vaine poursuite. Le 13 mars, l'apparition dit à Martin que son surveillant devait le quitter bientôt, et que lui, il eût à se tenir tranquille et laisser tout à la volonté de Dieu.

Deux ou trois heures après cette annonce, l'officier invite Martin à le suivre. Nous allons, lui dit-il, prendre des informations à la police à votre sujet. Cet officier pénètre seul chez le Ministre. Il revient quelque temps après annoncer à Martin qu'il n'y a encore rien de positif sur ce qui le concerne; surtout, ajoute-t-il, je désire que vous m'accompagniez, je veux profiter du beau temps pour une course de deux lieues. Martin accepte l'invitation avec plaisir; mais à peine est-il parvenu dans la cour, l'Ange le prévient qu'il va être renfermé : « C'est une épreuve qu'on veut » vous faire, mais soyez tranquille et » ayez confiance en Dieu, il ne vous » sera fait aucun mal..... » Après un quart-d'heure de marche, M. André feint très-à-propos un peu de lassitude, aborde un fiacre, et dit à Martin de prendre une place dans cette voiture. M. André croit-il que Martin soit sa dupe? il y a apparence. Mais celui-ci ne tarde pas à le désabuser. « Je sais, lui dit » Martin, que vous avez reçu l'ordre » de me renfermer. » A ces mots, la surprise de M. André est à son comble; plus il s'efforce de dissuader Martin d'une idée semblable, plus celui-ci s'obstine à ne pas y renoncer. « Mais » pourquoi vous imaginer qu'il en soit » ainsi, puisque je dois vous ramener » à Chartres au premier jour? — Je sais » qu'il vous est libre de vous en re» tourner à Chartres si bon vous sem» ble; mais moi, je le répète, je vais » être renfermé. » L'officier n'a plus rien à répliquer. Convaincu de la vérité de la prophétie, il faut encore qu'il contribue à son accomplissement.

Lorsqu'il dépose Martin dans la maison qu'occupent les fous, M. André recommande le prisonnier aux bontés du Directeur de l'Hospice; il le dépeint comme un homme très-paisible, très-raisonnable et doué sur-tout d'une grande douceur. Il offre ensuite des secours pécuniaires à Martin, qui les refuse avec reconnoissance, persuadé, dit-il, que ceux qui l'ont fait enfermer fourniront à ses besoins. Enfin M. André se retire, accompagné jusqu'à la porte d'entrée par M. le Directeur et Martin, qui lui témoigne ses remerciements pour les bontés qu'il a eues pour lui, et puis d'un ton un peu enjoué : « Eh bien ! » M. André, ne vous l'ai-je pas prédit, » que vous vous en retourneriez à » Chartres sans moi ? »

Le Directeur de l'Hospice (M. Roulhac Du Maupas), empressé de savoir pourquoi ce nouvel hôte, dont on lui a rendu un si bon témoignage, est condamné à augmenter le nombre des malheureux habitants de cette maison si peu digne de lui, l'introduit dans son appartement, le questionne sur ce qui peut lui avoir mérité une pareille disgrâce. Martin ne laisse rien ignorer à M. le Directeur, qui ensuite le fait conduire dans la chambre qui lui est destinée.

La tranquillité, la douceur, la simplicité de Martin, inspirent déjà le plus vif intérêt au surveillant de l'Hospice chargé de l'introduire dans son logement. Cet homme croit voir dans la personne de Martin une victime de l'ambition d'héritiers avides et cruels. — Êtes-vous riche, demande-t-il à Martin? — Non, répondit-il? — Attendez-vous une succession? — Non. — Je ne vous dis pas cela pour vous faire de la peine, Dieu m'en garde; mais pour vous prévenir que vous ne seriez pas le premier qu'un malheureux sort aurait entraîné et enseveli, pour ainsi dire, pour des raisons pareilles, dans une maison comme celle-ci.

Martin occupait encore sa chambre, lorsque le Docteur Royer-Collard, en cours de visite à l'Hospice, s'arrête au numéro de Martin. « Qu'avez-vous, lui » demande le médecin? — Je n'ai rien. » — Vous avez apparemment quelque » chose, puisque vous êtes ici? — M. le

» Directeur est à même de vous l'ap-
» prendre : il est au fait de ce qui me
» concerne. — Mais ne pourrois-je pas
» le savoir de vous-même? — Très-
» volontiers, lorsque vous aurez le loi-
» sir. » Le Docteur ayant passé outre, Martin sort de sa chambre, se rend dans la salle commune aux détenus. Parmi ceux en la compagnie desquels il se trouve alors, et dont quelques-uns ont l'esprit aliéné, il n'aperçoit ni méchanceté, ni fureur, ni indécence. Il distingue ceux dont la manie a du rapport à la religion, entre autres un prêtre (Curé d'Avoux) qui s'écrie de temps à autre : « Il n'y a plus d'Église,
» plus d'Évêques, plus de prêtres. Je
» suis un jureur, un blasphémateur,
» un misérable : il n'y a plus de pardon
» à espérer pour moi. » Martin, touché de compassion pour cet infortuné, lui adresse quelques paroles de consolation.
« M. le Curé, lui dit-il, vous avez sans
» doute prêché quelquefois à vos pa-
» roissiens que la voie du salut est ou-

» verte aux plus grands pécheurs, et
» que le pardon leur est offert s'ils
» reviennent sincèrement à Dieu? » A
ce propos le prêtre revient momentanément à un meilleur sens.

Le surlendemain Martin n'a rien plus à cœur que de faire parvenir de ses nouvelles à ses parents, et écrit la lettre suivante à son frère Jacques.

Maison royale de Charenton, 15 mars 1816.

« Mon frère Jacques, je t'écris cette
» lettre pour te faire savoir que je suis
» toujours en bonne santé: je souhaite que
» la présente vous trouve tous de même.
» Je te dirai que je suis à l'Hospice de
» Charenton depuis le 13 du mois; je te
» prie de faire aller l'ouvrage; je te dirai
» que je ne prends aucun chagrin, mais
» je sais que ma femme est dans un grand
» chagrin; pour moi je mets tout à la vo-
» lonté de Dieu. Je te dirai que je serais
» content si je pouvais voir quelqu'un de
» nos parents: on dit que c'est par fantaisie

» que je tiens toujours le même langage : » tu me connais bien, puisque nous » avons toujours été ensemble; je te di» rai que je suis toujours le même; je » prendrai tous les remèdes qu'on me » fera prendre, mais tout cela sera inutile, » parce que je suis toujours bien comme » je suis, et que cela ne vient pas de moi; » mais la chose m'est bien commandée : » tant que ma commission ne sera pas » faite, je ne serai jamais tranquille. Rien » autre chose à te marquer pour le pré» sent. Je suis pour la vie ton frère Tho» mas Martin. »

L'effet que dut produire cette lettre sur la famille de Martin est facile à concevoir. M. le Curé, à qui elle en donne communication, prend la liberté d'écrire au Ministre. Il l'assure que Martin est un homme plein de bon sens, dont la conduite a été constamment irréprochable; que Dieu n'a pas de plus fidèle serviteur et le Roi de sujet plus dévoué; que la nouvelle de sa position actuelle a plongé ses parents dans la désolation;

qu'en outre, vu le temps propice pour la semaille de mars, il prie Son Excellence de renvoyer Martin dans ses foyers, ou du moins d'obvier au moyen que les terres de son fermage et les siennes propres ne demeurent pas incultes. La réponse du Ministre fut prompte et efficace, du moins quant à l'effet de la culture des biens. Elle fut accompagnée d'un mandat de 400 francs avec injonction au Curé d'en réclamer la valeur numérique chez le Receveur général à Chartres au profit de la femme Martin. Mais à l'égard de la personne de son mari, le Ministre en fait mention d'une manière très-honorable, et garde le plus profond silence sur sa détention.

Le 22 mars, Jacques, frère aîné de Thomas, arrive à Charenton. Celui-ci est d'autant plus flatté de cette visite, que Jacques est celui de ses frères qu'il affectionne le plus. Ces deux amis, après s'être donné réciproquement des témoignages sincères d'amitié, s'interrogent l'un l'autre sur ce qui les intéresse en commun et en particulier. Cependant Martin, qui le 12 mars avait été prévenu par l'Ange qu'on devait prendre des informations dans son pays sur son compte et en avait informé son frère Jacques le même jour, lui demande, actuellement qu'il jouit de sa présence, si le résultat de l'enquête, qui infailliblement avait dû avoir lieu, lui avait été favorable. Jacques lui répond qu'effectivement, trois jours après avoir reçu sa lettre, MM. le Préfet, le Maire et le Curé de Gallardon et sa famille même avaient reçu ordre de la part du Ministre de répondre à une foule de questions à son sujet. Jacques instruit son frère qu'avant d'avoir obtenu la permission de lui rendre visite à l'Hospice, on lui avait fait les mêmes questions, et qu'on avait trouvé ses réponses conformes à celles du Maire et du Curé de Gallardon (1).

(1) Ceci a rapport aux informations demandées le 15 mars par le Ministre. L'auteur paraît les confondre avec les questions du Médecin.

La bonne conduite de Martin lui attire de plus en plus l'estime et la bienveillance des surveillants de l'Hospice. L'un d'entre eux, homme très-religieux, aime à s'entretenir avec Martin familièrement. Il le conjure un jour de lui accorder une grâce. Laquelle? répond Martin. — Celle de solliciter pour moi » la protection du personnage qui vous » apparaît quelquefois. Je m'estimerais » très-heureux d'être protégé par un » Ange, car je ne puis douter que ce » n'en soit un. » Martin promet à cet homme ce qu'il désire de lui, si l'occasion lui est offerte. Ce jour-là même, 28 mars, tandis que Martin cultivait le jardin, l'Ange lui dit : « Pourquoi ne comparaissez-vous pas à la visite? — J'y » vais, répond Martin. — Elle est faite. » Et pourquoi vouloir tenir cachées les » choses que je vous ai annoncées? » Craignez Dieu plutôt que les hommes. » Quelqu'un vous a chargé de solliciter » ma protection en sa faveur : dites-lui

» que celui qui pratique la religion telle
» qu'elle est annoncée dans les saints Li-
» vres et que l'Église l'enseigne, et qui
» a une ferme croyance, sera sauvé. »

Martin ne voulant plus s'exposer aux railleries des jeunes élèves de médecine et de chirurgie, avait résolu ce jour-là même de ne plus comparaître à la visite. M. Royer-Collard mit fin à cette persécution en dispensant Thomas de cette formalité; aussi m'a-t-il assuré que, si ce n'a été ce seul désagrément, tous ses moments à Charenton se sont écoulés avec une tranquillité inaltérable, ayant le soin de répondre aux vues de Dieu sur lui.

Le 29 mars, le vicomte Sosthènes de la Rochefoucault, précédé dès la veille par un ecclésiastique, arrive à Charenton. Ces Messieurs veulent avoir un entretien avec Martin. Le premier lui demande s'il connaît Madame la duchesse de Luynes, et s'annonce lui-même être le gendre de Madame la vicomtesse de

Montmorency. (Il y aurait lieu d'être surpris, sans doute, d'un pareil début de la part de ce seigneur vis-à-vis d'un paysan, si on ignorait que le château d'Eclimont est situé à proximité de Gallardon; il est donc probable que Martin connaît les habitants de ce château.) Après une longue conversation, ces Messieurs témoignent le désir d'écrire sous sa dictée le détail de ses apparitions. Martin se prête volontiers à leurs demandes. L'ecclésiastique qui a devancé M. de la Rochefoucault à Charenton a manifesté ses sentiments par écrit sur le jugement qu'il porte de Martin. Cet homme, dit-il, m'a assuré que chaque fois que l'apparition lui parle, c'est toujours avec une douceur ineffable et très-clairement et en peu de mots: je puis assurer qu'ayant causé long-temps avec Martin, je l'ai toujours trouvé dans une raison parfaite. En un mot il jouit d'un calme surnaturel. On m'a dit que toute sa dévotion consiste à garder les commandements de Dieu et de l'Église. Il est d'une simplicité et d'une naïveté qui ne peuvent se concevoir. Il est à l'aise avec tout le monde.

Fait à l'Hospice de Charenton, le 29 mars 1816.

Signé D***.

Le 31 mars, dimanche de la Passion, deux heures après midi, Martin se promenant seul dans le jardin, l'Ange lui apparoît et lui parle ainsi : « Il y aura » des discussions sur les objets dont je » vous ai entretenu plusieurs fois : les » uns diront que c'est une imagination, » les autres un Ange de lumière, les » autres un Ange de ténèbres. Je vous » permets de me toucher. » L'apparition s'approche alors de Martin, le prend par la main, qu'elle lui serre un peu. Dans le même instant, les yeux de Martin n'aperçoivent qu'un éclat de lumière supérieure à celle du soleil, et en sont tellement éblouis, qu'il est forcé de les couvrir de ses mains. Cette lumière s'efface, et l'apparition reparoît telle qu'aupara-

vant. Elle relève son chapeau en arrière de la tête, montre son front à découvert, et, posant sa main dessus, elle parle de la sorte : « L'Ange de té-
» nèbres porte ici les marques de sa
» condamnation, vous voyez que je ne
» les ai pas. L'Ange de ténèbres ne peut
» annoncer les choses de lumière, et
» l'Ange de lumière les choses de té-
» nèbres. Qu'on profite de la lumière
» tandis qu'on a la lumière. Rendez un
» fidèle compte de ce que vous avez vu
» et entendu. »

En attendant qu'un ordre exprès rende la liberté à Martin, Monseigneur l'(ancien) Archevêque de Reims, Grand-Aumônier de France, le bruit des apparitions de Martin ayant retenti jusqu'à ses oreilles, envoie un ordre au Curé de Gallardon de se rendre à Paris auprès du Grand-Aumônier, à l'effet de subir en sa présence un interrogatoire concernant les faits de Martin.

Le résultat des réponses du Curé aux questions qui lui furent présentées parut très-satisfaisant à Monseigneur. Il en résulte que, par suite de ce rigoureux examen, Monseigneur l'Archevêque n'a pu douter que ce ne fût la volonté du Ciel, que cette affaire parvînt à la connoissance du Roi. Cependant un seul obstacle s'opposoit à cette démarche. Depuis quelques jours la santé du Roi étoit un peu altérée; il y avoit à craindre qu'en cet état un récit de cette nature ne fît une trop vive sensation à Sa Majesté. D'un autre côté, l'importance des révélations militoit en faveur de cette démarche. Enfin, Monseigneur, après avoir tout balancé dans sa sagesse, se détermine à mettre cette affaire sous les yeux du Roi.

Ce jour-là même, un officier décoré se présente à l'Hospice, et fait dire à Martin de venir lui parler dans le jardin, où il est à l'attendre. Après une heure d'entretien, lorsque ce militaire veut se retirer, Martin lui demande s'il est vrai qu'il n'y ait point de possibilité de parler au Roi. L'officier répond qu'il n'est guère facile de lui parler; néanmoins on pourra faire en sorte que Sa Majesté vous accorde cette grâce. En attendant, soyez tranquille, mon brave homme.

On m'a assuré que le Roi, instruit qu'un homme étoit renfermé à Charenton, pour s'être dit inspiré de révéler à Sa Majesté elle-même des choses de la plus grande importance, avoit ordonné aussitôt à une personne de confiance d'aller examiner cet homme de très-près, de le sonder, et de lui en faire un fidèle rapport. Tout porte à croire que l'officier qui a visité Martin est celui à qui Sa Majesté a donné cette commission honorable.

Le 2 avril à midi, Martin est à table, on vient interrompre son dîner pour qu'il ait à se rendre de suite chez le Directeur. Un agent de la police lui dit : Vous allez me suivre; j'ai ordre de vous amener à Paris. Une voiture le conduit chez le Ministre. Du premier abord, il lui demande s'il persiste tou-

jours dans la résolution de parler au Roi. « Oui, Monseigneur, répond Martin, puisque de là dépend ma tran-
» quillité. — Mais, ne pourrois-je point
» savoir ce que vous voulez dire au Roi ?
» — Je l'ignore moi-même ; mais il m'a
» été dit qu'aussitôt que je serois en sa
» présence, les paroles me viendroient à
» la bouche, et je ne sais de quelle
» manière. » Le Ministre fait entrer un particulier qui attendoit ses ordres dans l'antichambre. Il entre, examine Martin à la tête, soulève ses cheveux qu'il retourne de toutes parts. « Regardez
» tant qu'il vous plaira, je n'ai jamais
» eu de mal de ma vie. » A ces mots, le particulier va dans l'appartement voisin, se revêt de sa grande ordonnance. Dans l'intervalle, l'Ange dit à Martin : « Vous
» allez parler au Roi ; vous serez seul
» avec lui ; n'ayez aucune crainte, mon
» ami. »

Le Ministre entre dans la salle ; et après avoir fait, en peu de mots, l'éloge de notre souverain, il appelle quelqu'un, lui remet une lettre : « Allez, lui » dit-il, conduire cet homme au pre- » mier valet-de-chambre du Roi. » Le Ministre part aussitôt, Martin suit son conducteur : une voiture lui est offerte, il la refuse ; il va à pied, son conducteur l'accompagne de même. Cependant le Roi est déjà prévenu que Martin est aux portes du château.

La lettre du Ministre est présentée au premier valet-de-chambre, qui, après en avoir pris lecture, dit à Martin de le suivre. Martin, en habit de campagne, guêtres aux jambes, souliers ferrés, traverse plusieurs salles, notamment celle des gardes ; et quoiqu'il soit aperçu de beaucoup de monde, il n'est fixé par personne ; et ce qui est plus remarquable, pas la moindre précaution n'est prise à son égard. A son approche, la porte de l'appartement du Roi s'ouvre. Martin entre avec l'air de la plus grande sécurité, sans trouble et sans embarras. Alors le Ministre, qui l'a précédé pour annoncer son arrivée au Roi, se retire, et passant à côté de Martin, lui donne des marques de sa protection. La porte est fermée, et Martin est seul avec le Roi Il salue respectueusement Sa Majesté, qui lui dit : Bonjour, Martin. Celui-ci se dit en lui-même : il sait bien mon nom. « Sire, lui dit-il, vous savez » sûrement pourquoi je viens? — Oui, » on m'a dit que vous aviez quelque » chose à me dire, et que vous ne vou- » liez dire qu'à moi; asseyez-vous. » Martin s'assied dans un fauteuil placé à côté d'une table couverte de papiers et de livres, vis-à-vis de Sa Majesté. « Sire, » comment vous portez-vous? — Je me » trouve un peu mieux que les jours » passés; et vous-même, comment » vous portez-vous? — Moi, je me porte » bien. » Après ce préambule, Martin raconte tout ce qui lui est survenu d'extraordinaire. Après quoi, avec une liberté prophétique, et ce ton que donne l'inspiration (1), il s'exprime ainsi : « Le

(1) Ces derniers mots du narrateur n'ont pas été recueillis de la bouche de Martin. L'entretien de

» Roi doit relever le jour du Seigneur,
» afin qu'on le sanctifie, car il est bien mé-
» connu de la plus grande partie de son
» peuple ; que le Roi fasse cesser ce
» jour-là tous les travaux publics; que
» le Roi s'efforce de faire rentrer son
» peuple dans la pénitence; qu'il soit
» ordonné des prières publiques; que
» le Roi fasse observer une police exacte
» et générale dans ses États, et sur tout
» dans sa capitale; que le Roi abolisse
» et fasse cesser tous les désordres qui
» se commettent les jours qui précè-
» dent la sainte Quarantaine, ou bien la
» France retombera dans de nouveaux
» malheurs. Le Roi a été trahi, on veut
» le trahir encore. Il s'est échappé des
» prisons un homme, on a fait croire
» au Roi que ç'a été par finesse et par
» subtilité; mais la chose n'est point
» telle : elle a été préméditée. Ceux qui
» auraient dû envoyer à sa poursuite
» ont négligé les moyens; et ce n'a

Martin avec le Roi est rapporté avec plus d'exactitude à la fin de l'analyse du Préfet, ci-après.

» été qu'avec une grande lenteur et né-
» gligence qu'on a fait courir après, et
» lorsqu'on ne pouvait plus l'atteindre :
» pour moi, je ne sais pas quel est cet
» homme. — Je le sais bien, moi, a
» répondu le Roi : c'est Lavalette. —
» Que le Roi envoie des hommes fidèles
» secrètement dans toutes les provinces
» pour surveiller les administrateurs, et
» qu'il surveille lui-même ses Ministres
» surtout, et le Roi sera craint et res-
» pecté de ses sujets. — Ne vous a-t-on
» pas nommé les personnes? — Non,
» Sire; mais il vous est facile de les
» connaître : pour moi, je ne les connois
» pas. » A cette réponse, le Roi, levant les yeux et les mains vers le Ciel, et versant des larmes, s'écrie : « Est-il possible! » A ce touchant spectacle, Martin répand aussi des pleurs; et reprenant la parole, il continue de s'exprimer ainsi : « Que le Roi se souvienne de sa
» détresse et de son adversité durant
» son exil, des pleurs qu'il a versés sur
» les malheurs de la France, et sans

» espoir de la revoir jamais, surtout à » l'époque où elle a fait alliance avec » ses voisins. — Oui, il a été un temps » où je n'avois aucun espoir. — Dieu ce- » pendant n'a pas voulu perdre le Roi; » il l'a rappelé dans ses États au moment » qu'il devoit le moins s'y attendre. » Enfin, le Roi est rentré dans sa légi- » time possession... Quelles actions de » grâces ont été rendues à Dieu pour un » si grand bienfait? Pour châtier encore » la France, l'usurpateur a été tiré de » son exil. Ce n'a pas été par la volonté » des hommes, ni par l'effet du hasard. » Cela a été permis ainsi. L'usurpateur est » rentré dans la France sans forces et » sans qu'on se soit mis en défiance » contre lui. Le Roi légitime a été » forcé d'abandonner sa capitale, et » croyant du moins tenir une ville dans » ses États, il s'est vu forcé de l'aban- » donner aussi. — Oui, c'est bien vrai, » je croyois rester à Lille. — Quand » l'usurpateur est rentré dans la France, » il s'est formé un gouvernement de

» gens comme lui et une forte armée, » il s'est présenté devant ses ennemis » qui étaient les alliés du Roi; mais » qu'en est-il résulté? du premier coup » il a essuyé une telle défaite, qu'il s'est » vu sans ressource, sans asile, sans » amis, et rejeté de ses prétendus su- » jets. Dès-lors le Roi est rentré dans » ses États... Quelles solennelles ac- » tions de grâces ont été rendues à Dieu » pour un miracle si éclatant? »

Martin fait ressouvenir le Roi de quelques particularités importantes de son exil. « Quant à cela, dit le Roi, » gardez le plus inviolable secret : il » n'y a que Dieu, vous et moi, qui le » sachions. — Il m'a toujours été dit que » je viendrois parler au Roi, et je vois » maintenant que je n'ai pas été trompé. » Le Roi ne doit point chanceler à » croire toutes les choses que je viens » de rapporter. — Non, je ne puis chan- » celer à les croire, puisque c'est la vé- » rité. — Le Roi est trop bon, et son ex- » cessive bonté produira de grands mal-

» heurs. Le Roi porte le titre de Roi » Très-Chrétien. Je ne sais si on ap- » pelle le Roi comme ça? Qu'il s'efforce » donc de faire rentrer son peuple dans » la chrétienté. Enfin, ma commission » est remplie auprès de vous, mon Roi. » Je ne dois plus voir l'apparition, et » ma tranquillité ne sera plus troublée. » — N'avez-vous rien vu depuis le 26 » mars? — Oui, Sire, ce jour-là même, » comme j'écrivois à mon frère Jacques, » l'apparition me dit: Mon ami, je vous » avois menacé de ne plus vous visiter, » dès qu'on vous traitoit ainsi; et j'au- » rois eu une grande douleur que mes » démarches eussent été inutiles. Je » vous assure que le plus grand fléau » est prêt à tomber sur la France, qu'il » en est même à la porte. Les peuples » saisis d'étonnement en sècheront de » frayeur; car ce qui a été prédit autre- » fois est arrivé: de même ces choses » arriveront si on ne pratique pas ce » que j'ordonne. Les Français sont » dans le délire; l'orgueil, l'incrédu-

» lité, l'impureté, et toutes sortes d'ex-
» cès imaginables sont à leur comble.
» Cependant, si le peuple embrasse la
» pénitence, ce que j'ai prédit sera
» arrêté et n'aura pas son effet. Mar-
» quez tout cela à votre frère, et com-
» muniquez votre lettre au Directeur de
» la maison, afin qu'il en prenne copie
» et l'envoie au Ministre. L'apparition
» avant de me quitter me dit : Je vous
» donne la paix, n'ayez aucune inquié-
» tude ni aucun chagrin (1). »

Martin m'a assuré que, pendant ce dernier récit, les yeux de S. M. n'ont cessé d'être fixés sur lui, tandis que lui, de son côté, s'est aperçu que de temps en temps des larmes coulaient le long des joues du Roi.

Quoique S. M. eût appris que le personnage qui apparoissoit à Martin se fût

(1) Voyez ci-après les propres paroles de l'Ange telles que les rapportent des copies authentiques de la lettre du 26 mars que nous avons sous les yeux ; dans cette apparition, l'Ange adresse au peuple ses avertissements.

nommé l'Ange Raphaël, elle a voulu s'en assurer auprès du protégé, je dis plus, de l'ami de cet Ange. Convaincu de la certitude de ce fait: «C'est l'Ange » qui a conduit Tobie à Ragès,» dit alors le Roi; puis s'adressant à Martin, il lui demande laquelle de ses mains l'Ange a serrée. — Celle-ci, montrant la droite. Le Roi a aussitôt favorisé Martin de la même grâce, en lui disant : Priez toujours Dieu pour moi; je me recommande aussi aux prières de votre famille. — Je demande au Roi la permission de m'en retourner chez moi, et j'espère que le Roi ne me la refusera pas. — Puisque vous avez été obéissant jusqu'à ce jour, je ne veux pas vous rendre désobéissant; j'ai donné des ordres pour que vous vous en retourniez demain. Cela ne vous a-t-il pas fait de la peine d'être à Charenton? y avez-vous été bien? — Oui, Sire. Martin prend congé du Roi. Sire, dit-il, je vous souhaite une bonne santé.

Quelques moments après la retraite

de Martin, le Roi dit en présence de plusieurs personnes : « On dira ce qu'on » voudra, mais il est certain *que cet* » *homme m'a rappelé des choses qui n'é-* » *toient connues que de Dieu et de moi.* »

La personne qui avoit conduit Martin chez le Roi, le reconduisit chez le Ministre, lequel lui a permis d'aller à Charenton prendre son petit mobilier. Le lendemain, 3 avril, au moment de son départ pour Gallardon, le Ministre lui offre deux cents francs pour son voyage. Martin les refuse, parce qu'il lui a été défendu de recevoir de l'argent. « Il faut que vous l'acceptiez, » c'est de la part du Roi, et on ne re- » fuse jamais le Roi.» Il accepte le don, et part rempli de joie avec la certitude que rien ne doit plus troubler sa tranquillité. Enfin, rentré dans sa famille, il a repris les travaux serviles de sa profession sans tirer vanité des choses qui lui étoient arrivées.

Je soussigné, certifie et atteste la vérité des faits rapportés dans cet écrit, comme les tenant de la bouche même de Martin.

En foi de quoi étoit signé ACHER, ancien Chanoine de la cathédrale de Chartres.

A Chartres, 27 juin 1817.

NOTES.

Il y a quelque confusion dans un passage des pages 115 et 116, car Martin partit pour Versailles le 26 janvier, et parla le 27 à l'Évêque. Plus loin on lit dans la Relation de M. Acher, que l'Ange lui apparut dans son enclos, lorsqu'il lui parla de son projet de quitter le pays, tandis qu'on trouve ailleurs que cette fois il lui apparut dans la grange : les circonstances d'une apparition peuvent facilement s'être confondues avec celles d'une autre dans l'esprit de l'auteur. On peut remarquer aussi qu'il a confondu l'une dans l'autre quelques apparitions. La bonhomie qui règne dans toute la narration fera pardonner des méprises de ce genre.

Nous lisons aussi dans une autre Relation abrégée, signée par M. Acher le 12 juillet 1816, que, le 24 janvier, après la célébration de la messe du St.-Esprit, demandée pour connoître la volonté de Dieu, Martin, dans son grenier, entendit auprès de lui une voix très-forte qui lui dit en le tutoyant cette fois : *Que ne fais-tu ce que je t'ai commandé ? car le temps presse.* Il paroît que cette fois l'Ange ne fut pas visible. La manière plus sévère dont l'Ange traita Martin dans cette circonstance nous paroît facile à expliquer ; lorsqu'on a des lumières très-suffisantes, c'est ordinairement par défiance, par résistance à la vérité, que l'on en voudroit davantage encore.—On trouve dans cette pièce du 12 juillet 1816 le même fond que dans celle que nous publions, mais avec moins de détails.

Il est probable que l'affaire de Martin étoit déjà communiquée à la police, lorsque l'Ange lui dit : *Ceux qui l'ont entre les mains sont enivrés d'orgueil.*

Un manuscrit, à l'endroit de l'audience du Préfet le 6 mars, porte que jusqu'à cette époque le Curé n'avoit encore ajouté que très-peu de foi aux rapports que son paroissien venoit lui faire de ses apparitions. Il transcrivoit sur de petites feuilles toutes ces déclarations, mais avec peu d'ordre et sans y prendre beaucoup d'intérêt.

La réponse de l'Ange relative à M. Legros a été rapportée diversement, mais partout le sens est le même, comme le lecteur a pu le remarquer.

On sait que les particularités secrètes dont Martin a parlé au Roi n'apportent aucune modification aux autres révélations ; c'étoit une preuve particulière de sa mission.

Martin est resté chez le Roi cinquante-sept à cinquante-huit minutes, selon la montre de M. le duc d'Escars.

S. A. R. Madame la duchesse de Berry, ayant demandé à S. M. Louis XVIII comment elle devoit répondre à des Princesses de sa famille qui lui avoient écrit d'Italie et désiroient avoir des informations relativement à Martin, le Roi répondit, que *Martin étoit un fort honnête homme, qu'il lui avoit donné de bons conseils, dont il espéroit avoir profité.* Le Roi parloit en présence de plusieurs témoins ; c'étoit au déjeûner.

Nous lisons dans une lettre de l'Adjoint de Gallardon, en date du 5 avril 1816, ces expressions naïves : *A l'interrogation du Roi, le Roi a bien versé des larmes, et lui dit* (à Martin) : *Vous me dites la vérité.* Nous avons vu plusieurs lettres du même temps écrites par ce bon Adjoint pour instruire un de ses intimes amis de ce qui étoit arrivé à Martin. Elles s'accordent avec ce que disent les Relations, et sont écrites avec une naïveté parfaite. La première est du mois de mars 1816.

Lettre de Thomas Martin (avec les fautes d'orthographe) *à son frère Jacques Martin, cultivateur à Gallardon.*

De l'Hospice royal de Charanton,
ce 26 mars 1816.

Mon frere, je t'écris cette lettre pour te marqué que je suis toujour en parfaite santé : je souhaite de tout mon cœur que la présente vous trouve de même.

Comme j'ai commencé à écrire, la même apparition m'est apparuet et m'a dit ces choses en ces terme. Mon ami, j'ai vous avois dit que je ne viendroit plus vous revoir, je vous assure que j'aurois une grande douleure, si mes démarches reste inutile. Je vous assure que le plus terrible des fléaux est prest à tombés sur la France, et qu'il est à la porte, le peuple en voyant arivé ces chose, seront saissis d'étonnement et sécheront de frayeur; ce qui a été prédit autrefois a arivé comme les chose avoit été annoncée, de même la chose arivera si on ne pratique pas ce que j'ordonne. La France n'est plus que dans l'irreligion, l'orgueil, l'incrédulité, l'impiété et l'impureté, et enfin livré à toute sorte de vice; et enfin, si le peuple se prépare à la pénitence, ce qui est prédit sera arrêté, et si on ne veut rien faire de ce que j'annonce, ce que j'ai prédis arrivera.

Aussitot que ma lettre va etre écrite il faut que je la fasse passé à Monsieur le Directeur pour qu'il en prenne copie et ensuite la faire passer à Son Excellence. Il me dit aussi que je ne puis désiré une meilleur santé, que l'on me face visiter par des Docteur les plus savant, qu'il ne pouront trouver aucune maladie sur moi; il me dit aussi que si je suis retenu, c'est que l'on veux faire une épreuve de moi, il me dit que ces une erreur que de vouloir meprouvé après tout les chose qu'il sont écrite.

Mon frere, voila ce qu'il ma annonce ce matin il étoit sur les sept à huit heure; avant que de sen aller il me dit: Je vous donne la paix, n'ayez aucun chagrin ni inquietude.

Mon frere, pour à l'egarg de mon ouvrage, je te prie de la faire alé comme si j'étois présent, tu ne manqueras pas de semer du trefle dans les champs que je te parlé, et de semer du plâtre dans les trefle et luzerne.

Mon frere, tu diras à tout mes parens qu'on ne prenne aucun chagrin de moi. Je mest toujour mon espérance en Dieu, je me soumet en tout à sa sainte volonté. Je finie en tambrassant de tout mon cœur et je suis pour la vie ton frere

Thomas MARTIN.

Tu feras bien mes compliments à tous mes parens; pour à l'égard de ma femme tu ne lui diras point la ou je suis, je vais lui écrire une lettre et je la daterai de Paris; si toutefois elle vouloit mecrire, tu lui diras ce n'est pas la peine de faire ecrire plusieurs lettres, la tienne sufira et tu mecriras.

(*Nota.* Cette lettre n'est arrivée à son adresse que huit jours après sa date. Les fautes de style et d'orthographe pourront d'abord déplaire; mais avec plus d'attention on y apercevra une nouvelle marque de vérité. Il en sera de même de plusieurs passages des divers écrits contenus dans ce Recueil; la conviction augmentera, et les petites difficultés s'évanouiront à mesure que l'examen sera plus sérieux.)

ANALYSE DES PIÈCES

RELATIVES

AUX RÉVÉLATIONS ET AUX APPARITIONS

DE T.-I. MARTIN,

LABOUREUR A GALLARDON,

ARRONDISSEMENT DE CHARTRES,

DÉPARTEMENT D'EURE-ET-LOIR.

Thomas-Ignace Martin (*a*), âgé de trente-trois ans, marié, père de quatre enfants, laboureur à Gallardon, révéla à M. l'abbé Laperruque, Curé de Gallardon, qu'à différentes fois et en différents lieux il lui était apparu, notamment dans les journées des 15, 18, 20, 21, 24 et 30 janvier 1816, aux champs, dans sa cave, dans sa grange et dans l'église de Gallardon, un fantôme sous la forme d'un homme, de la taille d'un

(*a*) Pièces numéros 1, 2, 3 et 4. Rapports de M. le Curé de Gallardon des 31 janvier, 14, 21, 24 février, 2 et 5 mars 1816.

peu plus de cinq pieds, mince de corps, pâle de figure, vêtu d'une redingote boutonnée et de couleur blonde, et la tête couverte d'un chapeau à haute forme; et que, dans ces diverses apparitions, il a entendu bien distinctement ces paroles :

« La commission que je t'ai donnée » est bien commencée, mais celui qui » l'a reçue n'en fait rien; les malveil- » lants commencent à agir contre le » Roi; les écrits circulent dans les pro- » vinces pour renverser le gouverne- » ment. Il faut que le Roi fasse un exa- » men pur de tous ses employés, qu'il » relève le jour du Seigneur et qu'on le » sanctifie; qu'il abolisse et anéantisse » les désordres qui précèdent la sainte » Quarantaine; qu'il fasse cesser les tra- » vaux publics, les fêtes et les diman- » ches, jours méconnus par une grande » partie du peuple : sinon la France sera » perdue et accablée de toutes sortes de » malheurs. »

Une autre fois il dit à Martin : « Mon

» ami, on met bien de la lenteur dans » ce que j'ai commandé : voilà pourtant » le temps de la pénitence et de la ré- » conciliation qui approche ; il ne faut » pas croire que c'est par la volonté des » hommes que l'usurpateur est venu » l'an passé, c'étoit pour châtier la » France...... Toute la famille royale » avoit fait des prières pour rentrer » dans sa légitime possession ; mais » une fois rentrée, elle a pour ainsi » dire tout oublié. Après le second exil » elle a encore fait des vœux et des » prières pour recouvrer ses droits, » mais elle retombe dans le même pen- » chant. »

Comment donc venez-vous toujours me tourmenter pour une affaire comme ça, lui répondit Martin en tremblant, car la frayeur l'avoit saisi.

« Persistez, ô mon ami, vous par- » viendrez. »

Enfin le même homme l'aborde encore et lui dit :

« Mon ami, il faut presser votre af-

» faire, il faut parler à votre pasteur et
» qu'il soit fait une députation; vous
» serez interrogé et vous confondrez
» l'incrédulité. J'ai encore autre chose
» à vous dire qui les convaincra, et ils
» n'auront rien à répondre. »

Après chaque vision le fantôme a disparu en un clin-d'œil et comme l'éclair, laissant Martin dans l'agitation et le trouble.

Ces apparitions se sont renouvelées les 2 et 5 mars.

« Allez vous acquitter de votre com-
» mission; que votre pasteur aille à Char-
» tres; qu'il fasse assembler le conseil
» ecclésiastique; qu'il soit nommé une
» députation qui se rendra auprès du
» supérieur, il la multipliera et saura
» où l'envoyer. »

Une heure après, nouvelle apparition.

« Allez-vous-en, et faites votre com-
» mission. »

Une autre fois le fantôme lui dit :

« Vous allez bientôt paroître devant

» le premier Magistrat de votre département; il ne faut point que vous ayez » de crainte; il faut que vous lui rapportiez les affaires comme je vous les » ai dites; il ne faut avoir égard ni à la » qualité, ni à la dignité; si on veut » encore résister à ces choses, vous leur » annoncerez la prochaine défaite et la » destruction de la France. Il arrivera » le plus terrible des fléaux, qui rendra » le peuple de France en horreur à » toutes les nations. Vous leur annon- » cerez aussi en quel temps la France » pourra rentrer en paix; ces choses, je » vous les dirai quand il en sera temps. » Il lui a été dit dans la suite que la paix ne seroit rendue à la France qu'après l'année 1840.

Ces révélations ayant été communiquées à M. le Curé de Gallardon chaque fois qu'elles eurent lieu, ce pasteur s'empressa d'en informer Mgr. l'Évêque de Versailles par Martin, qu'il chargea d'une lettre à cet effet. Mgr. l'Évêque en rendit compte au

Ministre de la Police générale, qui aussitôt renvoya le rapport de M. le Curé de Gallardon à M. le comte de Breteuil, Préfet du département d'Eure-et-Loir, en invitant (*b*) ce magistrat à faire venir Martin, à l'interroger, à découvrir quel pouvoit être ce prétendu fantôme, et à provoquer contre ledit Martin les mesures qu'il reconnoîtroit convenables, telles, par exemple, que sa traduction devant les tribunaux, etc, etc. Le Ministre invitoit le Préfet *à vérifier si ces apparitions données comme miraculeuses n'étoient pas plutôt un jeu de l'imagination de Martin, une véritable illusion de son esprit exalté, ou si enfin le prétendu envoyé, et peut-être Martin lui-même, ne devoit pas être sévèrement examiné par la police, et*, comme il est dit ci-dessus, *livré ensuite aux tribunaux.*

M. le Préfet (*c*), dans la crainte d'in-

(*b*) Pièce numéro 5. Lettre de Son Excellence du 29 février.

(*c*) Pièces numéros 6, 7 et 8. Deux lettres et un cer-

timider Martin, lui écrivit pour le prier de passer à la Préfecture sous le prétexte d'avoir quelque chose qui l'intéresserait à lui communiquer.

M. le Préfet écrivit en même temps à M. le Curé de Gallardon pour le prier également de vouloir bien se rendre à Chartres, si cela lui était possible, accompagné de Martin.

M. le Curé et Martin se rendirent au désir de M. le Préfet. Martin fut interrogé par lui, d'abord sans témoins, et ensuite en présence de M. le Curé. Martin répéta mot-à-mot, et à plusieurs reprises, tout ce qui a été dit ci-dessus, persista fermement dans ses déclarations et jura à M. le Préfet par tout ce qu'il y a de plus sacré qu'il ne disait que la vérité.

Martin ajouta même que le fantôme s'était servi plusieurs fois d'expressions que lui, Martin, ne comprenait pas, et

tificat de M. le Curé, des 1er., 6 et 7 avril (il faut sans doute lire des 1er., 6 et 7 mars.)

que deux fois il en avait demandé l'explication à son frère.

Le Préfet écrivit sur-le-champ pour vérifier ce fait, en citant les expressions : la réponse fut conforme à la déclaration de Martin.

M. de Breteuil, après avoir recueilli les témoignages les plus avantageux sur la conduite morale, politique et religieuse de Martin, se détermina à le faire conduire devant Son Excellence le Ministre de la Police générale, sous la garde de M. André, lieutenant de gendarmerie à Chartres, et généralement estimé de toutes les personnes bien pensantes et attachées au meilleur des rois.

Il est bon de remarquer ici que l'annonce du voyage, bien loin de contrarier et encore moins d'effrayer Martin, fut au contraire l'objet de ses plus vifs désirs, puisqu'il le mettait à portée d'atteindre son but, et, pour se servir de ses expressions, pour remplir la *mission* dont il se croyait chargé d'une manière surnaturelle.

Martin partit donc avec M. André.

Il résulte de deux rapports adressés de Paris par M. André (*d*), que les visions de Martin n'ont point discontinué, et qu'une fois, sur les sept heures du matin, Martin appela M. André, couché dans la même chambre que lui, et lui dit :

« Regardez, le voilà devant vous, » auprès de la fenêtre. »

M. André se lève, court à l'endroit indiqué, mais ne vit ni ne sentit rien.

Le 11 mars, la vision a été plus forte ; il fut enjoint à Martin (toujours par le même homme) d'aller parler au Roi lui-même, de lui rappeler des événements arrivés pendant son exil ; qui le frapperont d'étonnement ; qu'au moment qu'il seroit devant Sa Majesté, on lui inspireroit ce qu'il auroit à révéler ;

(*d*) Pièces numéros 9 et 12. Rapports de M. André des 9 et 12 mars.

que le Roi étoit entouré de gens qui le trahissoient, notamment un grand personnage.....

Le fantôme lui a dit s'appeler l'Archange Raphaël, envoyé de Dieu pour avertir le Roi des malheurs qui menacent son royaume, s'il ne prend pas des précautions.

Martin fut interrogé plusieurs fois par le Ministre de la Police, et par quelqu'un désigné par lui.

D'après les ordres du Ministre (*e*), le docteur Pinel fut envoyé à l'auberge où demeuroit Martin pour le visiter et faire un rapport sur son état de santé.

Il paroît que c'est d'après le désir que M. Pinel manifesta de suivre pendant quelque temps ledit Martin, que Son Excellence le Ministre de la Police ordonna que Martin fût conduit à l'Hospice royal de Charenton, avec ordre de le traiter avec égards et de la manière la plus convenable à sa position.

(*e*) Pièces numéros 13 et 14. Lettre, de Son Excellence du 14 mars à M. le Préfet et à M. le Curé.

Le jour où le Ministre de la Police donna l'ordre à M. André de conduire Martin à Charenton, M. André étoit seul avec le Ministre dans son cabinet. Martin étoit resté à l'attendre dans une des antichambres. Lorsque M. André sortit du cabinet du Ministre, Martin lui dit que l'homme venoit de lui apparoître et de lui annoncer qu'il alloit être conduit dans une maison de fous; que M. André alloit retourner seul à Chartres, et qu'il le prioit de donner de ses nouvelles à sa femme et de lui faire dire qu'elle ne devoit pas se tourmenter.

Aussitôt le départ de Martin pour Charenton, le Ministre autorisa M. de Breteuil à accorder quelques secours à la femme de Martin, afin que la culture de ses terres ne souffrît point de son absence. Deux jours après, le Ministre (*f*) écrivit à M. le Curé de Gal-

(*f*) Pièce numéro 15 bis. Lettre du Ministre à M. le Préfet, dans laquelle se trouvait celle pour M. le Curé de Gallardon.

lardon, et lui envoya quatre cents francs de la caisse du Roi pour être remis à la femme de Martin.

La disparition subite de Martin (*g*) fit quelque sensation dans sa commune; le secret ayant été très-bien gardé, elle fut diversement interprétée, et la curiosité publique n'a pu en pénétrer le véritable motif.

Dans un autre rapport plus détaillé et daté de Paris (*h*), M. le lieutenant André rend compte à M. le Préfet de la conduite de Martin pendant les huit jours qu'il a été chargé de l'accompagner. Le 8 mars au matin, et jusque dans l'antichambre du Ministre de la Police, le même homme se présente encore à Martin, et lui dit :

« Vous allez paroître devant un » grand, n'ayez pas peur. Dites ce que

(*g*) Pièces numérotées 15 et 16. Lettre du sieur Francheterre, Adjoint, et de M. le Curé, du 16 mars.

(*h*) Pièce numéro 19. Rapport de M. André du 16 mars.

» je vous ai dit, et qu'il y fasse attention. »

M. de Séjourné, l'un des secrétaires de Son Excellence, ayant interrogé Martin, celui-ci lui répéta mot-à-mot la narration de toutes les visions qu'il avoit précédemment éprouvées.

A la question qui lui fut adressée sur l'état de sa fortune, Martin crut qu'on supposoit dans ses démarches un motif d'intérêt et le désir de gagner de l'argent; il répondit qu'il ne vouloit point d'argent, qu'il lui étoit défendu d'en recevoir; qu'il ne s'acquittoit de sa mission que pour se débarrasser des poursuites de cet homme qui ne cessoit de l'obséder; qu'il ne concevoit aucune crainte et qu'il étoit sûr qu'il ne lui arriveroit aucun mal.

Ensuite, étant entré dans le cabinet du Ministre, Martin y resta environ trois quarts-d'heure. Après sa sortie, Son Excellence donna l'ordre à M. André de faire croire à Martin que l'homme qui lui apparoissoit venoit d'être arrêté par ordre supérieur, et qu'il l'avoit fait mettre en prison.

Bien loin d'en être persuadé, Martin assura que, sûr le soir et dans la cour, le même homme lui étoit apparu et lui avoit dit :

« Vous avez été questionné aujour-
» d'hui, mais on ne veut pas faire ce
» que j'ai dit.... Le personnage que
» vous avez vu ce matin, a voulu vous
» faire croire qu'il m'avait arrêté; vous
» pouvez lui dire qu'il n'a aucun pou-
» voir sur moi, et qu'il est grand temps
» que le Roi soit averti...... On vous
» prend pour un fou, ils sont plus fous
» que vous. »

Après la visite de M. Pinel (que Martin a dit par inspiration et sans avoir été prévenu pour être un médecin et un Docteur), l'Archange Raphaël lui apparut de nouveau, le pressa d'aller parler au Roi, en l'assurant que, lorsqu'il seroit en sa présence, il lui inspireroit ce qu'il auroit à dire, qu'il lui nommeroit * les personnes qui entourent et trahissent Sa Majesté.

« Je me sers de vous, dit l'Archange » en quittant Martin, pour faire tomber la fierté et l'orgueil qui règnent » en France, et surtout parmi les grands » de la Cour. Si vous ne parvenez pas » à ce but par les personnes que vous » avez vues et qui peuvent le faire, la » France est perdue. »

A la suite de plusieurs autres apparitions, et d'après l'avis de M. le Docteur Pinel, Martin fut donc conduit, en vertu des ordres du Ministre, par M. André, à la maison des fous de Charenton. Martin s'y rendit avec résignation et sans aucune crainte, bien convaincu, disoit-il en lui-même, que les choses devoient se passer ainsi, et qu'il ne lui arriveroit aucun accident.

Avant de commencer l'application

* Le mot *désignerait* serait, ce semble, plus exact. *Note de l'Éditeur.*)

d'un traitement, M. Royer-Collard (*i*), médecin en chef de l'Hôpital de Charenton, posa une série de onze questions, auxquelles M. le Préfet, M. le Curé et M. le Maire de Gallardon ont été priés de répondre avec exactitude et précision. On demandoit si, dans la famille Martin, on avoit remarqué des affections nerveuses; si les maladies qui proviennent d'une imagination ardente et d'un caractère bizarre n'y seroient point héréditaires; si Martin n'auroit point donné, à différentes époques, des signes d'aliénation, même passagère; si, par la nature de son tempérament et de son caractère, il étoit susceptible d'impressions fortes et violentes; si les affaires politiques n'avoient point apporté d'altération dans ses facultés intellectuelles; s'il faisoit des lectures;

(*i*) Pièces numérotées 19, 22, 23, 24, 25, 26 et 27. Lettre de M. le Directeur de Charenton, du 18 mars; renseignements fournis par M. le Curé et le Maire de Gallardon, le 21 mars.

s'il remplissoit ses devoirs religieux, s'il avoit l'esprit foible et facile à ébranler, et enfin si on avoit remarqué dans l'ensemble de sa vie morale et physique quelque chose qui ait pu le disposer aux accidents qu'il éprouvoit.

A toutes ces questions, M. le Curé, M. le Maire de Gallardon, ont répondu qu'en aucun temps personne de la famille de Martin n'avoit été atteint de ces affections extraordinaires; que Martin n'avoit jamais donné lieu de remarquer en lui la plus légère altération mentale; qu'il étoit d'un caractère calme et paisible, fort éloigné de toute espèce d'emportement; qu'il n'avait jamais pris aucune part aux désordres ni aux excès de la révolution; que le retour de l'usurpateur lui avoit été pénible; qu'il s'étoit réjoui avec tous les bons Français de la rentrée du Roi, sans pourtant avoir, dans l'une et l'autre circonstances, manifesté ses sentiments avec trop d'émotion et de vivacité; qu'il s'étoit toujours acquitté exactement de ses devoirs de religion, mais sans affectation ni prétention ; qu'il ne lisoit que des livres d'église ; qu'il ne passoit pas pour avoir l'esprit assez foible pour ajouter foi aux contes de sorciers, d'enchanteurs ou de revenants, et qu'enfin l'ensemble de sa vie n'offroit rien autre chose de remarquable que sa simplicité, son uniformité, et son application exclusive à la culture de ses champs.

Pendant son séjour à Charenton (*j*), Martin écrivit à sa femme et à son frère Jacques, simple comme lui et confident de ses apparitions ; il les tranquillisa l'un et l'autre sur sa situation et l'état de sa santé ; il raconta à son frère les nouvelles visions qui lui sont apparues, et lui donna des instructions pour la continuation de ses travaux agricoles.

La correspondance de M. le Curé de Gallardon (*k*) avec M. le Préfet prouve que ce respectable ecclésiastique n'hésita

(*j*) Pièces numérotées 28 et 28 bis. Lettre de Martin à sa femme et à son frère, du 26 mars.

(*k*) Pièces numérotées 28 bis, 29 et 30. Lettres de M. le Curé, des 1er. et 4 avril.

pas un seul instant (*) à croire à la vérité des révélations de Martin, à la réalité de ses apparitions, et même à la nécessité urgente de prévenir le déluge de maux annoncé par l'Archange Raphaël. M. le Curé ne paraît pas douter que la mission de son paroissien ne soit miraculeuse, et qu'elle ne puisse être consommée qu'après l'entrevue de Martin avec le Roi.

Ce pasteur, mandé à Paris par M. l'Archevêque de Reims, grand Aumônier de France, pour fournir sur le compte de Martin ou de ses apparitions des éclaircissements encore plus positifs, manda à M. le comte de Breteuil, à son retour de Paris à Gallardon, que Martin avoit paru le 2 avril devant Sa Majesté, et qu'il ignoroit encore le résultat de cet entretien ; mais que Martin alloit être renvoyé chez lui, et qu'il en feroit lui-même le récit.

Le 4 avril, Martin arriva à Gallardon,

(*) M. le Curé de Gallardon en *avoit* douté dans les commencements. (*Note de l'Éditeur.*)

d'après l'autorisation du ministre de la Police adressée au Directeur de la Maison royale de Charenton.

Le samedi, 6 avril, Martin se rendit à Chartres, et sans avoir été mandé, se présenta devant M. le Préfet, auquel il raconta avec autant de naïveté que de sincérité ses apparitions antérieures, toutes les circonstances de son voyage de Paris, de sa conduite au Ministère de la Police, à la Maison de Charenton, et de sa comparution devant Sa Majesté.

La même personne qui fut chargée d'aller chercher Martin à Charenton pour l'amener au Ministère fut encore chargée par le Ministre de conduire Martin au Château des Tuileries pour être de suite introduit dans les appartements du Roi; Martin et son conducteur s'y rendirent à pied, le Ministre les devança et s'y rendit en voiture.

Martin étant arrivé au Château fut introduit de suite et sans aucun obstacle dans le cabinet du Roi: le Ministre de la Police sortait au moment où il entra.

Martin dit être resté plus d'une demi-heure avec sa Majesté; qu'en entrant le Roi lui avoit dit avec bonté : Bon jour, Martin, et l'avoit fait asseoir près de lui, et qu'un bureau seul le séparoit de Sa Majesté. Martin dit avoir révélé au Roi des particularités que Dieu, le Roi et lui peuvent seuls connoître; que le Roi a pleuré en levant les yeux et les mains vers le ciel; que lui, Martin, voyant ce bon Roi pleurer, avoit aussi pleuré; que Sa Majesté avoit paru satisfaite de son entretien, et qu'en le congédiant, le Roi lui avoit serré la main en se recommandant à ses prières et en lui ordonnant expressément de garder le plus profond silence sur ce qui venoit d'être dit et de se passer.

M. le Préfet recommanda à Martin la plus grande discrétion; il lui doit ici la justice que Martin en lui rapportant ce qui venoit d'être dit ci-dessus, lui ajouta qu'il ne pouvoit lui en dire davantage, et que les particularités, qu'il avoit révélées au Roi étoient un secret qu'il avoit refusé de faire connaître au Ministre, et que rien au monde ne le lui feroit divulguer, d'après la promesse qu'il en avoit faite au Roi.

M. de Breteuil déclare ici que Martin s'est toujours expliqué dans les mêmes termes, avec beaucoup de netteté et de simplicité; il n'a cessé de montrer, à Chartres comme à Paris, une confiance comme une tranquillité imperturbable. Il parle sans timidité, mais toujours avec respect, et surtout l'air de la vérité.

En allant au Château pour être présenté au Roi, Martin avoit le même habillement de paysan qu'il avoit lorsqu'il parut la première fois devant M. le Préfet et qu'il fut conduit de Chartres à Paris.

Le 4 avril, M. le directeur de la Maison royale de Charenton (*l*) écrit à M. le Préfet pour le remercier de l'empressement qu'il a mis à lui adresser les témoignages honorables rendus par M. le Maire et M. le Curé de Gallardon

(*l*) Pièces numérotées 31 et 32. Lettres de M. le Directeur et de M. le Curé, des 4 et 6 avril.

à la loyauté, à la candeur de ce brave et digne homme (ce sont les expressions de M. le Directeur). Dans cette même lettre, il ajoute que ces renseignements ont été mis sous les yeux de la partie intéressée, que les médecins n'ont pas eu le temps de faire leur rapport, mais qu'ils doutent qu'après un examen attentif de l'individu ils l'eussent présenté comme aliéné (*).

Le 6 avril, M. le Curé prévient M. le Préfet que Martin, dès le moment de son arrivée à Gallardon, avoit témoigné le désir et formé le projet d'aller à Chartres pour voir M. le Préfet. M. le Curé termine sa lettre en disant que cette affaire extraordinaire ne peut plus être regardée actuellement que comme étant miraculeuse.

Le 8 avril, M. le Curé (*m*) apprend à

(*) Le rapport des médecins, du 6 mai 1816, ne laisse aucun doute sur la parfaite santé physique et morale de Martin; elle est restée la même jusqu'à présent, 1827. (*Note de l'Éditeur.*)

(*m*) Pièce numéro 33. Lettre de M. l'abbé Laperruque.

M. le Préfet que l'affaire de Martin est déjà connue de quelques personnes, que Martin et sa famille en sont très-fâchés.

Le 27 avril, M. le Curé de Gallardon apporta à M. le Préfet deux lettres de M. le Directeur de la Maison royale de Charenton, datées des 4 et 9 avril. Dans la première, M. le Directeur s'exprime ainsi, après avoir accusé réception à M. le Curé des renseignements qu'il lui a fournis :

« J'éspère que les suites qu'aura sans » doute cette affaire mettront le dernier » sceau à son authenticité. Je voudrois » bien espérer de même que le remède » indiqué sera pris et préviendra la ca- » tastrophe redoutée ; priez pour moi, » je vous prie, Monsieur, et recom- » mandez-moi aux prières de ce vrai » Israélite sans déguisement. »

Par la seconde lettre, M. le Directeur demande à M. le Curé diverses dates pour servir à la rédaction du rapport dont MM. Pinel et Royer-Collard s'occupent et qu'ils sont chargés de présenter au Ministre, malgré le retour de Martin dans ses foyers.

Le 29 avril, M. le Curé de Gallardon (*n*) a envoyé à M. le Préfet une relation écrite de sa main de l'entrevue de Martin avec le Roi. Ces détails ont été dictés par Martin lui-même, et renferment quelques particularités qui ne se trouvent pas ci-dessus. La copie littérale de cette relation va être transcrite ci-après.

Relation de l'entrevue de Thomas-Ignace Martin, laboureur à Gallardon, avec le Roi (*).

Le mardi 2 avril 1816, sur les midi, comme j'étois à diner, il vint quelqu'un

(*n*) Pièces numéros 36 et 37. Lettre d'envoi de M. le Curé, du 29 avril, et Relation y jointe.

(*) Nous avons sous les yeux une autre copie de l'entretien de Martin avec le Roi, écrite par un homme d'une imposante autorité, en 1816, quelques mois plus tard que celle insérée dans la pièce de M. le comte de Breteuil. Martin aura suppléé à ce qui manquoit

de la part du Ministre de la Police, qui depuis quatre semaines me retenoit à Charenton (1); qui me dit qu'il venoit me chercher pour aller à Paris : nous arrivons à l'hôtel de la Police, où le Ministre me dit : Vous voulez donc aller parler au Roi?... — Oui, ma commission ne sera pas faite avant que je lui aie parlé, on me l'a toujours dit, et que je lui dise ce qui m'est annoncé... — Mais qu'est-ce que vous avez à dire au Roi?....... — Je ne sais pas pour le moment ce que j'ai à lui dire : les choses me seront annoncées quand je serai devant le Roi. — Eh bien! puisque vous voulez y aller, je vais vous y conduire; nous allons voir un bon Roi qui est notre père à tous. — Mais il ne m'a pas dit qu'il avoit reçu les ordres pour m'y mener.

d'abord à sa narration; car cette copie est faite aussi d'après le rapport du bon villageois. Nous ferons connaître par des notes les différences remarquables. (*Note de l'Editeur.*)

(1) A Paris et à Charenton.

Il passe aussitôt dans une autre chambre pour prendre son ordonnance, et dans cet intervalle l'apparition m'a dit : Vous allez parler au Roi, et vous serez seul avec lui. N'ayez aucune crainte de paroître devant le Roi ; pour ce que vous avez à lui dire, les paroles vous viendront à la bouche ; et, en effet, je n'ai point été du tout embarrassé dans tout ce que je lui ai dit depuis le commencement jusqu'à la fin, et c'est la dernière fois qu'il m'a apparu, toujours dans le même costume que dans les autres fois, car il n'en a jamais changé. Après cela, le Ministre vient me trouver et dit à quelqu'un, en lui donnant une lettre : Vous allez mener cet homme-là au premier valet-de-chambre du Roi. Nous partons, le carrosse étoit prêt pour nous conduire ; mais j'ai dit : j'irai bien à pied, il n'y a pas loin, il n'y a que la Seine à traverser. Le Ministre part après nous ; mais comme il étoit en carrosse, il est arrivé plus tôt que nous. Nous arrivons aux Tuileries sur les trois heures, nous montons jusqu'à l'appartement du Roi; nous avons trouvé dans tout ce qui étoit avant et dans les alentours bien des gardes, et personne ne nous a rien dit. Celui qui me conduisoit a remis la lettre au premier valet-de-chambre du Roi, qui l'a lue et qui m'a dit de le suivre. Mon conducteur est resté là et n'a pas été plus loin. J'entre dans la chambre du Roi au même moment que le Ministre en sortoit. Le Roi étoit assis à côté de sa table, sur laquelle il y avoit bien des papiers et des plumes. Je lui ai dit, mon chapeau à la main : Sire, je vous salue. Le Roi me dit : Bon jour, Martin; et j'ai dit en moi-même, il sait bien mon nom toujours.... Vous savez, Sire, sûrement pourquoi je viens..... Oui, je sais que vous avez quelque chose à me dire; asseyez-vous.... J'ai pris un fauteuil et je me suis assis vis-à-vis du Roi, d'un côté de la table, et lui de l'autre. Et quand j'ai été assis, je lui ai dit : Comment vous portez-vous? Le Roi m'a répondu : Je me trouve un peu mieux (1). Quel est le sujet de votre voyage?.... Alors j'ai commencé ma narration et je lui dis :

Le 15 de janvier, à-peu-près deux heures et demie de relevée, comme j'étois dans la plaine à répandre du fumier dans mon champ, il m'a apparu tout de suite, sans que je sache d'où il venoit, un homme qui m'a dit : Il faut que vous alliez trouver le Roi et que vous lui disiez que sa personne est en danger, ainsi que celle des princes de sa famille; dites-lui aussi qu'on tente de renverser le gouvernement ; plusieurs écrits circulent dans les provinces de ses États ; qu'il faut qu'il relève le jour du Seigneur, qui est méconnu par la plus grande partie de son peuple, afin qu'on

(1) Je me trouve un peu mieux que ces jours passés. Et vous, comment vous portez-vous?

Moi, je me porte bien.

Quel est le sujet de votre voyage ?

Et je lui ai dit, etc.

le sanctifie ; qu'il faut faire cesser tous les travaux publics ces saints jours-là ; qu'il s'efforce de faire rentrer son peuple dans la pénitence; qu'il soit ordonné des prières publiques (*) ; qu'il falloit ordonner une police exacte et générale dans ses États, et sur-tout dans sa capitale ; qu'il falloit qu'il abolisse et anéantisse tous les désordres qui se font dans les jours qui précèdent la sainte Quarantaine : sinon ces choses, la France tombera dans de nouveaux malheurs. Je lui ai dit : Mais vous pouvez bien en trouver d'autres que moi pour faire une commission comme ça. Il m'a dit : Non, c'est vous qui irez. Je lui ai dit : Mais, puisque vous en savez si long, vous pouvez bien aller vous-même trouver le Roi et lui dire tout ça. Il m'a dit : Ce n'est pas moi qui irai, ce sera vous, et faites attention à ce que je vous dis, et vous ferez tout ce que je vous com-

(*) Un autre manuscrit porte : « Qu'il soit pour céla ordonné des prières publiques. »

mande (1). J'ai dit tout ça à mon frère Jacques, qui m'a dit : Il faut aller trouver M. le Curé et lui dire tout cela.

Nous y avons été le soir et puis encore tous les jours après, tant que j'ai eu de nouvelles apparitions; et après plusieurs affaires comme ça, M. le Curé m'a dit : Je ne veux pas être juge dans ces affaires-là; je vous donnerai une lettre et vous irez trouver M. l'Évêque de Versailles. J'y ai été le 26 janvier et je lui ai parlé le lendemain. Quand il a eu la lettre de M. le Curé, il m'a bien regardé et m'a bien questionné. Il m'a demandé mon nom et l'a écrit; il m'a dit : S'il revient encore, vous lui demanderez son nom et de quelle part il

(1) Il m'avoit dit un jour que son nom demeureroit inconnu, et que celui qui l'envoyoit étoit au-dessus de lui; mais comme j'étois à Paris le 10 de mars, il m'a dit : Puisque l'incrédulité est si grande, je vous dirai mon nom : je suis l'Archange Raphaël, Ange très-célèbre auprès de Dieu, qui ai reçu tout pouvoir de frapper la France de toutes sortes de plaies.

Quand j'ai été de retour à la maison, j'ai dit tout cela à mon frère Jacques, etc.

vient, et vous irez dire tout à M. le Curé pour m'en faire part.

Il m'a été dit encore : On a trahi le Roi et on le trahira encore. Il s'est sauvé un homme des prisons : on a fait accroire au Roi que c'étoit par subtilité, par l'effet du hasard et par finesse ; mais la chose n'est pas telle : elle a été préméditée. Ceux qui auroient dû mettre à sa poursuite ont négligé les moyens, et qu'ils ont mis beaucoup de lenteur et de négligence, et qu'ils l'ont fait poursuivre quand on ne pouvoit plus l'atteindre (1) ; que le Roi examine

(1) Je ne sais pas qui ; on ne me l'a pas dit, et le Roi m'a répondu : Je le sais bien, moi, c'est Lavalette.

Il m'a été dit : Que le Roi examine tous ses employés, et surtout ses Ministres.

Ne vous a-t-on pas nommé les personnes ?

Non, il m'a été dit qu'il étoit facile au Roi de les connaître ; pour moi, je ne les connois pas.

Ici le Roi a levé les yeux et les mains vers le ciel, et il a dit : Ah ! faut-il ! et il s'est mis à pleurer, et il a continué de pleurer jusqu'à la fin ; et moi, quand je l'ai vu pleurer, j'ai pleuré aussi avec lui.

Il m'a encore dit : Que le Roi envoie dans ses provinces des gens de confiance, etc.

tous ses employés, et surtout ses Ministres. Le Roi m'a dit : Ne vous a-t-on pas nommé les personnes? Non ; il m'a été dit qu'il vous étoit facile de les connoître ; moi je ne les connois pas. Le Roi m'a dit : C'est Lavalette. — A ce récit, le Roi a levé les yeux et les mains au Ciel, et a dit : Ah Dieu! est-il possible! et s'est mis à pleurer et a continué de le faire jusqu'à la fin. — Que le Roi envoie dans ses provinces des gens de confiance pour examiner les administrations, sans être prévenues et sans seulement qu'on sache qu'on a envoyé, et vous serez craint et respecté de vos sujets.

Il m'a été dit de vous dire que le Roi se souvienne de sa détresse et de son adversité du temps de son exil. Le Roi a pleuré sur la France. Il a été un temps qu'il n'avoit plus aucun espoir d'y rentrer, voyant la France alliée avec tous ses voisins (1). Le Roi m'a répondu :

(1) Il a été un temps qu'il n'avoit plus d'espoir sur la France, voyant, etc.

Oui, il a été un temps où je n'avois plus aucun espoir, voyant tous les États qui n'avoient plus aucun soutien. Dieu n'a pas voulu perdre le Roi, il l'a rappelé dans ses États au moment où il s'y attendoit le moins ; enfin le Roi est rentré dans sa légitime possession. Où sont les actions de grâces qui ont été rendues pour un tel bienfait? Pour châtier encore une fois la France, l'usurpateur a été tiré de son exil; ce n'a pas été par la volonté des hommes ni par l'effet du hasard, les choses ont été permises ainsi. Il est rentré sans force, sans armes, sans qu'on se mette en défense contre lui. Le Roi légitime a été obligé d'abandonner sa capitale, et croyant tenir encore une ville dans ses États, il a été obligé de l'abandonner. Le Roi m'a répondu : C'est bien vrai, je croyois rester à Lille. Quand l'usurpateur est rentré, il s'est formé un gouvernement de gens comme lui et une forte armée; il s'est présenté devant ses ennemis, qui étoient les alliés du Roi.

Qu'en est-il arrivé? du premier coup il s'est trouvé dans une telle défaite, qu'il s'est trouvé sans ressources, sans asile, sans amis et rejeté de ses sujets. Le Roi est encore rentré dans ses États. Où sont les actions de grâces qui ont été rendues à Dieu pour un miracle si éclatant? Le Roi, pendant tout ce récit qu'il écoutoit attentivement, pleuroit. Je lui rappelle des particularités qui m'avoient été annoncées de son exil, et il m'a dit : Gardez-en le secret; il n'y aura que Dieu, vous et moi qui saurons cela. Il m'a toujours été dit que je viendrois vous parler et que je parviendrois à faire l'affaire qui m'avoit été annoncée, et je vois bien qu'il ne m'a pas trompé, puisque me voilà aujourd'hui avec vous. Il m'a été dit que vous ne chancelleriez pas pour croire quand je vous dirois ces choses. Le Roi m'a répondu : Non, je ne puis chanceler, puisque c'est la vérité. Ne vous a-t-il pas dit comment il falloit que je m'y prenne pour gouverner la France? — Non, il ne m'a fait aucunement mention que de tout ce qui est dans les écrits. Le Ministre a les écrits comme les choses ont été annoncées. — Ne vous a-t-il pas dit que déjà j'ai envoyé des ordonnances pour tout ce dont vous m'avez parlé? — Non, on ne m'en a pas fait mention. Je me lève et je dis au Roi en me levant : Il m'a été annoncé de vous dire que vous êtes trop bon, que votre grande bonté (1) vous conduira à de grands malheurs. Il m'a été dit aussi que, puisque vous portez le titre de Roi Très-Chrétien, car je ne sais pas, moi, si on vous appelle comme ça, qu'il falloit vous efforcer de faire rentrer le peuple dans la Chrétienté. Le Roi m'a dit que, si toutefois il revenoit, je lui demande comment il faudroit qu'il s'y prenne pour gouverner. Je lui ai répondu : Il m'a dit qu'une fois que ma commission seroit

(1) Que votre trop grande bonté.

faite auprès du Roi, je ne verrois plus rien, que je serois tranquille (1). Le Roi m'a demandé si je n'avois plus rien vu depuis le 26 de mars? Je lui ai dit que

(1) Rappelez-moi ce que vous avez vu le 26 de mars.

Comme je commençois à écrire à mon frère, la même apparition m'est apparue, et m'a dit ces choses en ces termes : Mon ami, je vous avois dit que je ne viendrois plus vous revoir : je vous assure que j'aurois une grande douleur si mes démarches restoient inutiles. Je vous assure que le plus terrible des fléaux est prêt à tomber sur la France, et qu'il est à la porte. Les peuples, en voyant arriver ces choses, seront saisis d'étonnement et sécheront de frayeur. Ce qui a été prédit autrefois est arrivé comme les choses avoient été annoncées ; de même la chose arrivera, si on ne pratique pas ce que j'ordonne. La France n'est plus que dans l'irréligion, l'orgueil, l'incrédulité, l'impiété et l'impureté, et enfin livrée à toutes sortes de vices ; et enfin : si le peuple se prépare à la pénitence, ce qui est prédit sera arrêté, et si on ne veut rien faire de ce que j'annonce, ce que je prédis arrivera. Il me dit aussi que je ne puis désirer une meilleure santé, que l'on me fasse visiter par des Docteurs les plus savants, qu'ils ne pourront trouver aucune maladie sur moi. Il me dit aussi que, si je suis retenu, c'est que l'on veut faire une épreuve de moi. Il me dit que c'est une erreur que de vouloir m'éprouver après toutes les choses qui sont écrites. Il étoit sur les sept à huit heures du matin. Avant que de s'en aller, il me

si; le jeudi d'après j'avois encore vu : sur les cinq heures après midi, comme j'étois dans le jardin, il se présente devant moi et me dit : Pourquoi je n'allois pas à la visite. Je lui réponds : j'y vas. Il me dit, mais bien brièvement : Elle est faite.... Et moi, c'étoit par exprès que je tardois toujours pour y aller ; je m'amusois tant que je pouvois, parce que tous ces gens-là qui étoient de la visite se moquoient de moi.... Vous ne voulez pas mentir ; il faut mieux obéir à Dieu qu'aux hommes. L'Ange de lumière ne peut pas annoncer les choses de ténèbres, l'Ange de ténèbres ne peut annoncer les choses de lumière. Qu'on profite de la lumière tandis qu'on a la lumière. Pour vous, mettez votre confiance en Dieu, il ne vous arrivera aucun mal ; et avec cela il

dit : Je vous donne la paix ; n'ayez aucun chagrin ni inquiétude.

Le Roi me dit : Je savois tout cela ; mais je voulois l'entendre de vous. N'avez-vous rien vu depuis le 26 de mars ? etc.

a disparu. Le dimanche suivant, j'étois, sur les deux ou trois heures de l'après-midi, dans le jardin; il m'a apparu et m'a dit: Il y aura encore des discussions. Les uns diront que c'est une imagination, les uns diront que c'est un Ange de lumière, et les autres que c'est un Ange rebelle. Je vous permets de me toucher, et il me prend la main droite avec sa main droite, me la serre; il ouvre sa redingote par devant: quand elle a été ouverte, cela m'a semblé plus brillant que les rayons du soleil et je n'ai pu l'envisager. Il ferme sa redingote et je n'ai plus rien vu de brillant; il m'a semblé comme auparavant. Après cela, il m'a défait son chapeau et me dit, en me montrant sa tête et touchant son front avec sa main: L'Ange rebelle porte ici les marques de sa condamnation, et vous voyez que je n'en ai pas. Il me dit: Rendez témoignage de tout ce que vous avez vu et entendu (1). Le Roi me prit

(1) Le Roi écoutoit tout cela en me regardant et sans me rien dire. Ici il m'a dit: C'est le même Ange qui

la main en me disant : Que je touche la main qu'a serrée l'Ange : priez toujours pour moi......... Bien sûr que moi et toute ma famille, ainsi que M. le Curé de Gallardon, nous avons toujours prié pour que l'affaire réussisse.... Quel âge a-t-il, M. le Curé de Gallardon ? Y a-t-il long-temps qu'il est avec vous (1)? —Sire, c'est un brave homme ; il est environ dans les soixante ans ; il y a à-peu-près cinq ou six ans qu'il est chez nous... Je me recommande à vous, à lui et à toute vôtre famille...Bien sûr, Sire, il est bien à désirer que vous restiez, parce que si vous veniez à partir ou qu'il vous arrive quelque malheur, nous ne risquerions rien, nous autres, de nous en aller aussi, parce qu'il y a aussi de mauvaises gens dans notre pays, il n'en manque

conduisit le jeune Tobie à Ragès, et qui l'a fait marier; et il me prit la main en disant : Que je touche à la main que l'Ange a serrée : priez toujours pour moi.

(1) Il est à-peu-près dans les soixante ans ; c'est un brave homme : il y a à-peu-près cinq à six ans qu'il est chez nous.

pas (1). J'ai salué le Roi en lui disant : Je vous souhaite une bonne santé. Il m'a dit qu'une fois ma commission faite, je demande la permission de m'en retourner au centre de ma famille, comme il m'a été annoncé, et que vous ne me la refuserez pas. Le Roi m'a répondu : Puisque vous avez été obéissant jusqu'à présent, je ne veux pas vous rendre désobéissant. J'ai déjà donné des ordres pour vous renvoyer... Il m'a toujours été annoncé qu'il ne m'arriveroit aucune peine ni aucun accident... Il ne vous en arrivera pas non plus : vous vous en retournerez demain ; le Ministre va vous donner à souper et à coucher, et des papiers pour vous en retourner..... Mais je serois content si je retournois à Charenton pour leur dire adieu et pour une chemise que j'y ai laissée... Comment vous êtes-vous trouvé à Charenton ? y

(1) Ici j'ai répété au Roi ce que je lui avois dit au commencement, des jours des dimanches et des fêtes, etc., et je lui ai dit que c'étoit là le principal. Il m'a répondu : Je ferai en sorte d'y remédier.

avez-vous été bien? Cela ne vous a-t-il pas fait de peine d'y aller? — Non, sûr, si je n'y avois pas été bien, je ne demanderois pas à y retourner.... Si vous désirez y aller, le Ministre vous y fera conduire de ma part.... Je suis allé rejoindre mon conducteur, et nous sommes retournés ensemble à l'hôtel du Ministre.

Après avoir lu avec attention l'analyse ci-dessus et des autres parts, j'ai reconnu que le tout était véritablement conforme à ce que j'ai vu et entendu et rapporté à différentes fois et à toutes les personnes dénommées, d'après les déclarations que Martin m'en a faites depuis le 15 janvier. En foi de quoi j'ai signé, ce 13 mai 1816.

Signé LAPERRUQUE,

Curé de Gallardon.

J'ai lu attentivement avec M. le Curé qui m'a aidé, toutes les pages de cet écrit, et j'ai reconnu que tout était bien véritable, comme je l'ai vu, entendu et prouvé à toutes les différentes fois.

Fait à Gallardon, ce 13 mai 1816.

Il y a même moins que plus.

Signé Thomas Martin.

Pour copie conforme à l'original,

Signé Comte de Breteuil.

EXTRAIT DU RAPPORT

DE

MM. LES DOCTEURS

PINEL ET ROYER-COLLARD,

CONCERNANT

THOMAS MARTIN,

EN DATE DU 6 MAI 1816.

Ce dernier et très-long rapport des deux savants médecins à l'examen desquels Martin a été soumis, fait voir que la science ne leur fournit aucun moyen d'expliquer les événements dont ils rendent compte. Ils attestent l'intégrité de la santé de Martin et l'absence de toute altération mentale et physique dans sa personne, en sorte qu'ils ont dû s'abstenir de lui administrer aucun traitement. Ils déclarent aussi que Martin n'est point un imposteur. Ce rapport achève la démonstration de ce qui est d'ailleurs très-notoire; et en lisant nos diverses

Relations, on a sans doute été frappé du parfait bon sens et de la droiture qui distinguent notre villageois au milieu de ses examinateurs, pendant toutes les épreuves qu'on lui fait subir. La santé, la raison et la candeur de Martin sont restées les mêmes depuis ce temps.

On ne lira certainement pas sans intérêt le récit de l'entretien de Martin avec le Roi, tel qu'il se trouve dans l'exposé des médecins. Nous le joignons ici, et d'abord ce qu'ils rapportent de deux apparitions précédentes. Ils en ont rapporté vingt-deux, et il y en a eu plus encore. Nous choisissons ce qui peut apprendre aux lecteurs quelques nouvelles particularités. Voici comme les docteurs s'expriment :

« Une autrefois, il (l'Ange) l'assura que *si on ne faisoit pas ce qu'il ordonnoit, la France étoit destinée à toutes sortes de malheurs ; que la plus grande partie du peuple périroit ; qu'elle seroit livrée en opprobre à toutes les nations, et qu'elle n'auroit point de paix avant l'année*

1840. Il lui annonça aussi, dans une de ces apparitions, *qu'il seroit conduit devant le Roi, et qu'il lui découvriroit des choses secrètes du temps de son exil, mais dont la connaissance ne lui seroit donnée qu'au moment où il seroit introduit en sa présence; qu'il lui révèleroit aussi des conjurations formées contre lui; qu'il lui désigneroit les chefs: mais qu'il ne pourroit parler de ces choses qu'au Roi, ou à son frère ou à ses neveux.*

. . . .

« Le mardi 2 avril 1816, au sortir de Charenton, Martin fut amené à Paris et conduit au Ministre de la Police. Pendant qu'il étoit dans les appartements du Ministre, l'Ange se présenta devant lui, *le prévint qu'il alloit paroître devant le Roi, lui recommanda de n'avoir aucune crainte ni aucune inquiétude; il lui annonça que tout ce qu'il auroit à dire au Roi lui seroit donné à l'instant, et que les paroles dont il auroit besoin lui arriveroient d'elles-mêmes.* Le Ministre s'habilla, monta en voiture et alla chez le

Roi. Martin, étant monté aussi dans les appartements, fut introduit dans le cabinet du Roi, où se trouvoit encore le Ministre de la Police. Dès que le Roi l'aperçut, il lui dit : *Martin, je vous salue ;* puis il fit retirer le Ministre, ordonna qu'on fermât toutes les portes, et resta seul avec lui. Alors Martin prit la parole, et dit au Roi tout ce que dans ses diverses apparitions l'Ange l'avoit chargé de dire ; mais il ne s'arrêta pas là. D'une part, il découvrit au Roi plusieurs circonstances secrètes, qui avoient eu lieu pendant son exil, et dont quelques-unes, oubliées par le Roi lui-même, mais dont ce récit lui rappela clairement le souvenir, remontoient à vingt-trois ans. D'une autre part, il lui révéla des complots formés contre sa personne, et sans lui nommer les chefs, il les lui désigna de manière à ne pouvoir s'y méprendre. Alors le Roi, vivement ému, leva les yeux et les mains au ciel, et dit à Martin : *Martin, voilà des choses qui ne doivent être connues que de vous et de moi*; et Martin, qui, en voyant couler les larmes de son Roi, ne put retenir les siennes, lui promit le silence le plus absolu.

« Martin a encore dit au Roi (et sur ce discours le silence ne lui a pas été ordonné) que quelques-uns de ses Ministres ne suivoient pas ses intentions, qu'il falloit les surveiller avec soin. Qu'à l'égard de l'évasion du coupable dont il lui avoit parlé, on n'avoit pas fait les démarches nécessaires pour le faire arrêter de nouveau; qu'il étoit trop bon: que son extrême bonté attireroit sur lui de grands maux. Il a ajouté qu'il n'avoit pas senti assez le miracle de sa première rentrée, et que c'étoit en punition de ce manque de reconnoissance que nous avions été frappés de nouveau. Pendant cet entretien, qui a duré au moins une demi-heure, Martin parloit au Roi avec une facilité extraordinaire; les termes se trouvoient dans sa bouche sans qu'il les cherchât. Il lui sembloit (dit-il) qu'un autre parlât en lui. Il assura que les choses secrètes qu'il avoit révélées au Roi lui étoient tout-à-fait inconnues avant qu'il entrât dans son cabinet, et que ce n'est qu'à cet instant même que la connoissance lui en a été donnée. Lorsque toutes les choses qu'il étoit chargé d'annoncer *ont été épuisées*, cette singulière facilité de parler a disparu, Martin n'a plus trouvé d'expressions, et il a dit au Roi: *Sire, ma commission est remplie, je n'ai plus rien à vous dire.* En le quittant, le Roi lui a pris la main, l'a serrée dans la sienne; il lui a recommandé de bien prier Dieu pour lui et pour sa famille.

« Une lettre du 20 avril du Curé de Gallardon au Directeur de la Maison royale de Charenton, contient textuellement ce qui suit : Martin est arrivé ici jeudi 4, à dix heures du matin, aussi tranquille qu'il en est parti; il s'est reposé quelque temps en arrivant, ensuite il est allé à son travail. Il continue depuis son même train de vie, sans la moindre émotion et le moindre étonnement de ce qui lui est arrivé ; il garde sur tous ces événements un profond silence ; et, comme on est fort curieux ici de savoir ce qu'il a dit et ce qu'il a fait, il répond sans s'émouvoir : *Quand vous avez des affaires, vous autres, n'allez-vous pas les faire? Eh bien! j'ai été faire les miennes.* »

QUELQUES OBSERVATIONS

SUR

LA MISSION DE MARTIN.

S'il arrivoit qu'un prophète vînt seulement nous exhorter à la pénitence pour nous préserver d'un déluge de maux prêt à nous envelopper, ce seroit certainement une grâce digne de toute notre reconnoissance. Toutefois, les avis donnés par l'Ange n'ont point paru assez importants à quelques esprits, et cependant, s'ils étoient suivis, tout rentreroit dans l'ordre. Lorsque le jour du Seigneur est sanctifié comme il doit l'être, Dieu est adoré et servi : cette fidèle observance de la part des hommes les conduiroit à connoître leurs devoirs et à y conformer la conduite de leur vie entière. L'abolition des plus grands désordres supprimeroit le principal foyer des passions. En se convertissant à *la religion*, en rentrant franchement dans *la chrétienté*, les hommes observeront les commandements de Dieu et de l'Église qu'il a constituée sur la terre; ils se souviendront que, d'après l'oracle de Jésus-Christ on ne cesse d'écouter l'Église qu'en cessant de mériter le nom de chrétien; ils seront soumis aux moyens d'ordre voulus par la Providence divine, aux Puissances qui viennent d'elle, et l'ordre et la paix régneront de toutes parts. — Lorsque le pouvoir commande avec autorité et se fait respecter et craindre, lorsqu'une police exacte et générale est observée, lorsque des Ministres sûrs et fidèles servent le pouvoir, lorsque la vigilance et la justice préviennent ou punissent les écarts des fonctionnaires et des sujets, l'ordre et la paix ne sont plus troublés.

C'est ainsi que ce que Dieu ordonne est toujours souverainement sage. Nous nous étions égarés dans de vaines spéculations, dans de vains travaux, et il ne falloit rien moins qu'un miracle pour nous ramener aux doctrines communes, aux maximes simples de la sagesse : Dieu l'a fait, c'est à nous de faire le reste avec son aide.

Les âmes pieuses sont priées de vouloir bien nous excuser, si, dérogeant à la simplicité de ce livre par quelques explications devenues nécessaires, nous troublons un instant leurs sentiments de vénération pour les Anges chargés par le Roi des rois de veiller sur les hommes, les rois et les nations.

Quoique nous fussions parfaitement convaincu de l'absence de toute fourberie dans l'affaire de Martin, et que toutes les suppositions d'intrigue ne puissent soutenir aucun examen sérieux, nous avons supplié des personnes qui conservoient quelque prévention à cet égard de vouloir bien nous communiquer les faits sur lesquels elles s'appuyoient : elles n'ont pu en citer aucun, et toute la police de M. Decazes n'a pu en découvrir plus que nous. Et de grâce, quels avantages pouvoient se promettre les intrigants? Quelle témérité eût été la leur? Quelle folie d'aller chercher, pour jouer à la Cour de France un drame politique et sentimental, l'homme le plus étranger à toute espèce de cabale et de politique, l'homme en tout point le moins capable de se charger d'un rôle mensonger, le moins propre à le soutenir au milieu des épreuves de tout genre qui l'attendoient? Et qui ne reconnoîtroit à la profonde émotion d'un Roi tel que Louis XVIII, en présence de son humble sujet, tout autre chose qu'un vain spectacle? Nous nous sommes efforcé néanmoins de trouver quelques traces d'intrigue, et jamais, il faut le dire, nous n'avons recueilli contre la mission de Martin que des allégations matériellement fausses, des présomptions gratuites, (et des observations étonnamment puériles). D'autres que nous en ont réfuté quelques-unes; les témoignages uniformes et un peu de réflexion suffisent pour les dissiper, et les longues discussions entrent d'autant moins dans notre dessein, que nous nous adressons aux personnes de bonne foi. Nous nous sommes attaché à la vérité des faits, à la gravité des témoignages. La seule opposition raisonnable seroit d'en montrer la fausseté. Nous tâcherons du reste de répondre à quelques allégations, et d'indiquer seulement quelques réflexions. Nos remarques seront toujours trop longues à notre gré, et sans doute au gré de tous nos lecteurs; mais ils voudront bien considérer qu'elles s'adressent à des esprits divers, et parmi plusieurs observations superflues, quelques-unes obtiendront peut-être l'indulgence de chacun d'eux.

Dès le temps où M. le duc Decazes étoit encore en faveur (et Mgr. le duc de Berry encore en vie), nous avions pris des renseignements auprès d'un homme très-recommandable (et très-éloigné du jansénisme). Après des informations exactes, il reconnut comme digne de foi la Relation imprimée chez Egron en 1817, tout en reconnoissant la cause des présomptions qui s'élevoient contre elle. Nos recherches nous en ont depuis lors confirmé la véracité ; mais il fit l'observation suivante dans sa lettre du 10 août 1818 :

« L'Ecclésiastique (qui interrogea Martin à Charenton en présence de M. de La Rochefoucault) rédigea, sur » ce qu'il lui dit, un mémoire qu'il » présenta à Mgr. de Reims (l'ancien archevêque de Reims, depuis cardinal de Périgord), qui ne tarda pas » à le mettre sous les yeux du Roi. » Sa Majesté fut frappée d'un événe- » ment si extraordinaire, et témoigna » son étonnement de n'avoir eu jusque » là aucune connoissance de cette af- » faire. (*Nota.* Il faut parler prudem- » ment de ceci, car ce n'est guère fa- » vorable au Ministre.) Il en parla au » Ministre, et ordonna que Martin lui » fût amené. »

Nous citons ce passage, parce qu'entre autres moyens imaginés pour discréditer la mission de Martin, on débita qu'elle n'étoit qu'une jonglerie de M. Decazes, invention malheureuse s'il en fût jamais, puisque tous les faits y répugnent et sont très-défavorables à ce Ministre. Mais dans ce siècle, où l'on croit difficilement la vérité et aveuglément ce qui est opposé même à toute vraisemblance, pourvu que nos penchants y trouvent leur compte, quelques personnes adoptèrent, fort spirituellement sans doute, cette idée, que leur suggéra M. Decazes lui-même, prétendant que Martin était un espion à son service; et dans ce cas M. Decazes étoit l'Ange de lumière. On conçoit que le titre de jongleur puisse être préféré à des griefs moins glorieux encore que l'on trouve dans les discours rapportés par Martin: mais les avis très-religieux et très-monarchiques donnés au Roi et les intentions de Sa Majesté furent en grande partie paralysés par le même Ministre, ou employés à l'oppression de la fidélité et détournés au profit du libéralisme.... Du reste, M. André fut relégué en Bretagne; les gendarmes de Chartres avoient cru aux apparitions de l'Archange. Depuis la mission de Martin, les Curés de Gallardon ont été changés six fois. Nous savons que le gouvernement exigea de Mgr. l'Évêque de Versailles l'éloignement de M. Laperruque; mais comme l'Évêque n'avoit conçu de lui aucune ombre de défiance, il le plaça aussitôt dans un autre poste honorable. L'un de ses successeurs, parlant un jour de Martin, dit qu'il ne croyoit pas qu'il eût commis un péché mortel dans sa vie. Tel est cet homme, qu'en dépit des témoignages unanimes en sa faveur, en dépit de sa probité, de son caractère paisible, de son esprit naturellement médiocre, de son peu d'instruction, de ses relations toutes villageoises et presque uniquement de famille, on vouloit faire passer tout-à-coup pour un intrigant raffiné, pour un imposteur insigne, pour un hardi perturbateur de la conscience royale et du repos public : et néanmoins la justice n'a pas sévi contre lui ni contre son audacieux inspirateur ! On voit que les contradictions ne coûtent pas, et que l'on compte fermement sur la crédulité comme sur l'incrédulité du siècle des lumières. Au demeurant, nous avons lieu de croire que l'on tend maintenant des piéges à la simplicité du bon habitant de la Beauce ; espérons que, Dieu aidant, il saura les éviter, et dans tous les cas l'avenir laisse le passé intact. Depuis long-temps on assure que le personnage jadis puissant a enlevé des archives de la police les écrits relatifs à Martin ; c'étoit un nouveau motif pour publier l'analyse de pièces de M. le comte de Breteuil : elle pourra suppléer en partie à ce qui auroit disparu et dissiper l'effet de la déplorable supercherie dont nous avons été forcé d'entretenir nos lecteurs.

Les personnes préoccupées d'un soupçon d'intrigue ne voient-elles pas que leur imagination est la dupe des diverses rumeurs favorisées par une police éminemment intrigante, qui n'a pu rompre, et qui auroit voulu effacer une mission tout opposée à ses vues? Lorsqu'il a été impossible de découvrir aucun fait d'intrigue, lorsque, tout attentivement considéré, on doit reconnoître qu'une intrigue n'auroit pu produire les faits connus qu'on voudroit y rapporter, faits nombreux, soigneusement explorés, parfaitement enchaînés malgré la volonté des hommes, il semble vraiment inconciliable avec le sens commun de croire à une intrigue inconnue. On demeure confondu à la vue des soins que se donnent des êtres raisonnables pour écarter tout ce qui peut les sauver; c'est là qu'est employée toute leur subtilité, et possédés de la peur du bien, il n'y a point d'asyle qu'ils ne cherchent pour se mettre à l'abri des conseils d'un Ange; quelques-uns même préféreraient, ce semble, une lâche résignation aux nobles efforts d'une libre obéissance.

Toutefois, il est facile de prévoir que des insinuations perfides seront encore mises en jeu pour distraire du moins les esprits. Après avoir attribué aux jansénistes des révélations qui rappellent tous les hommes à l'unité catholique, au Ministre, des révélations qui condamnoient sa conduite, et même au diable ; des révélations qui suffiroient pour détruire son empire, il ne manque plus que d'attribuer aux jésuites ou à leur influence une publication capable de leur susciter des persécutions. Nous abandonnons aux fabricateurs de mensonges cette nouvelle mine à exploiter; elle est digne d'eux : car la supposition serait fausse, parfaitement analogue à leurs usages, et partout les ennemis de Dieu et du Roi savent trouver des imputations odieuses contre des chrétiens fidèles, dont la liberté doit naturellement être protégée par le trône, et dont la ruine donneroit aux factieux le signal infaillible de bien d'autres triomphes. Mais leur libérale perversité ne nous détournera pas de proclamer un événement destiné au salut du Roi et de la France, ni de déchirer le voile dont on vouloit le couvrir. Le temps presse, la loi humaine nous le permet encore, la plupart des témoins sont encore en vie, un avenir menaçant s'avance, le délire augmente, l'esprit d'imprévoyance et de vertige obsède les conseils, et une foi franche, une volonté droite et forte peut sauver l'État. Ici la timidité ou la flatterie ressembleroit à la trahison, et pour nous arrêter, il ne faudroit rien moins qu'une condamnation de la part de l'Autorité ecclésiastique, au jugement de laquelle nous soumettons ce recueil (1). Quoique nous n'ayons

(1) Nous savons qu'à Rome on a cru à la *mission* de Martin. Nous rétractons d'avance tout ce qui pourroit nous être échappé de contraire à la doctrine de l'Église.

On a pu remarquer que l'Ange approuvoit Martin lorsqu'il rapportoit ses révélations aux Autorités ecclésiastiques; il vouloit que le Conseil ecclésiastique s'assemblât à Chartres au même sujet, que des Docteurs en théologie fussent chargés de l'examen : Leçon frappante pour les hommes !

pas même l'honneur d'être *congréganiste*, nous acceptons d'avance pour nous-même, les qualifications plus honorables encore d'*apostolique* ou de *jésuite* : *jésuitisme* et *christianisme* sont devenus synonymes dans la langue des ennemis du CHRIST. JÉSUS et le CHRIST c'est en effet le même DIEU; et DIEU, par un miracle de sa Providence, a voulu relever le Christianisme parmi nous. Sa charité, sa sagesse, sa justice, sa puissance, voilà le point d'attaque; les faits en font foi, les diversions n'y changent rien; mais il est inaccessible aux personnalités comme aux violences des hommes, et la victoire est sûre d'y rester.

Avant de mettre cette édition en lumière, déjà les contradictions ne nous ont pas manqué : les uns, tout résolus à ne croire à rien que de naturel, sourient au seul nom de *miracle*; les faits n'ont aucun pouvoir sur ces génies supérieurs, les plus frivoles objections leur suffisent, et pour eux le mot *exal-*

tation réfute les événements, comme les doctrines. Telle est leur sagesse ; elle ressemble au moins à l'ignorance, et personne n'aura jamais la prétention de la leur ravir. Ce livre ne leur est point adressé ; qu'ils daignent donc nous pardonner la licence de ne point nous asservir à leurs préjugés. D'autres, et ceux-ci sont des hommes estimables, dont nous désirons obtenir les suffrages, se figurent l'incrédulité plus aveugle, plus profonde, plus répandue qu'elle ne l'est réellement. Certes, il existe un grand nombre de fidèles dont les révélations de 1816 relèveront le courage et ranimeront la ferveur, et le peuple de France (1) offre bien plus de ressources morales que les méchants ne viennent souvent à bout de le persuader aux plus honnêtes gens. Le besoin de certitude, d'équité, d'affection, se fait généralement sentir, et décèle

(1) Nous entendons le mot *peuple* dans le sens le plus étendu : tous les Français en font partie.

dans les cœurs un fonds de religion souvent caché sous d'autres noms, mais beaucoup trop méconnu. On a beau se livrer à de froides illusions, jamais l'argent et la corruption ne suffiront aux Français; et cette nation intelligente et vive, cette nation fatiguée d'indifférence et de déception, sera, si l'on ne veut pas que la révolte l'entraîne, frappée d'admiration et tout-à-coup entraînée dans les voies de la justice par un Pouvoir fort de sa foi, franc dans ses actes, rajeuni par le courage, renouvelé par la vérité. L'étonnement serait inexprimable de voir apparoître au milieu de l'anarchie des esprits, de la foiblesse des caractères et de la confusion des langues, la vérité dans toute sa pureté, dans tout son éclat; et le prince magnanime qui voudroit dominer par elle pour sauver son peuple, seroit lui-même étonné de sa puissance et de sa grandeur. Ce qui entretient l'irréligion, c'est la pusillanimité des chrétiens, c'est la timidité de leur foi, c'est leur manque de confiance, tandis qu'eux seuls ont pleinement la force morale en partage, tandis que Dieu lui-même leur fait connaître ses volontés, et promet le succès si l'on seconde ses desseins.

Ce n'est pas que nous nous avisions d'ériger en dogme les révélations que nous publions, il ne nous appartient pas de mettre à leur authenticité le dernier sceau, et nous ne prétendons pas confondre dans la même catégorie les hommes qui de bonne foi ne trouveroient pas suffisantes les preuves d'un événement surnaturel, et ceux qui, par opiniâtreté, se refusent à toute croyance. Mais tout homme droit reçoit la vérité lorsqu'elle se manifeste; il y croit, il l'aime, et se règle sur elle : beaucoup de Français ont conservé ce noble caractère, et s'il en est d'autres que ce livre n'engageroit pas même à chercher des témoignages qui leur paraîtroient plus dignes de leur confiance, ils pourront le réserver pour le temps où l'entier accomplissement des annonces ne laissera plus aucune preuve à dési rer ; mais pour eux aussi le parti le plus sage seroit de contribuer efficacement à obtenir la preuve la plus consolante : *Si le peuple se prépare à la pénitence, ce qui est prédit sera arrêté* : si les conseils donnés sont suivis, *le Roi sera craint et respecté de ses sujets.*

Ce qui distingue la mission de Martin, c'est la profusion miséricordieuse des avertissements, c'est l'harmonie des faits qu'elle contient, c'est là grandeur, l'étendue de son objet. Elle s'adresse d'abord au rang le plus élevé de la société, pour sauver la société toute entière, et, là, règnent assurément la foi et l'amour du bien ; elle s'adresse à la nation en général ; elle s'adresse à chaque particulier dans la personne de cet homme sincère, qui avoit demandé la protection de l'Ange. Nous avons admiré les desseins de Dieu, nous avons éprouvé long-temps les motifs de croyance, et fort de notre conviction et de la conviction de toutes les personnes qui ont approfondi cette œuvre divine, encouragé d'ailleurs par une antorité grave, nous nous sommes déterminé à la publier de nouveau : Dieu veuille la faire fructifier par sa grâce et par le zèle des deux Pouvoirs ses ministres sur la terre ! Loin de nous l'injurieuse pensée de désespérer du Royaume Très-Chrétien ; l'éclatant miracle nouvellement opéré en présence de plusieurs milliers de témoins, et suivi de conversions inattendues, nous donne la confiance que le signe du salut n'y brillera pas en vain (1).

(1) Le dimanche 17 décembre 1826, jour de la clôture d'une suite d'exercices religieux donnés à la paroisse de Migné à l'occasion du Jubilé, au moment de la plantation solennelle d'une Croix, et tandis que le prédicateur (Aumônier du Collége royal de Poitiers) adressoit à un auditoire d'environ trois mille personnes (habitants de Migné, des paroisses voisines et de la ville de Poitiers) un discours sur les grandeurs de la Croix, dans lequel il venoit de rappeler l'apparition qui eut lieu autrefois en présence de l'armée de Constantin, on aperçut dans les airs une Croix bien régulière et de vastes dimensions. Aucun signe sensible n'avoit précédé sa manifestation ; nul bruit, nul éclat de lumière n'avoit annoncé sa présence. Ceux qui l'aperçurent d'abord la montrèrent à leurs voisins, et bientôt tous les yeux se portèrent vers la Croix, qui avoit paru tout d'abord exactement formée, et qui

Jamais l'action de Dieu n'est inutile; mais il veut que les hommes y répon-

étoit placée horizontalement, de manière à ce que l'extrémité du pied répondît au-dessus du pignon antérieur de l'église (élevé de quarante pieds), et que la tête se portât en avant de l'église dans le même sens que sa direction. La traverse qui formoit les bras coupoit le corps principal à angle droit : chacun des bras, égal à la tête, étoit environ le quart du reste de la tige.

Ces diverses parties étoient partout d'une largeur sensiblement égale, terminées latéralement par des lignes bien droites, bien nettes, et fortement prononcées, et coupées carrément à leurs extrémités par des lignes également droites et également pures.

Au jugement de plusieurs témoins, ces pièces avoient une certaine épaisseur qui les faisoit voir comme un peu arrondies lorsqu'on les regardoit sous un angle oblique, et régulièrement équarries lorsqu'on se rapprochoit beaucoup de la verticale.

Toutes les formes de cette Croix étoient pures et ressortoient très-distinctement sur l'azur du Ciel. Elle n'offroit point aux yeux un éclat éblouissant, mais une couleur partout uniforme, et telle, qu'aucun témoin n'a pu la définir d'une manière précise, ni lui trouver un objet de juste comparaison ; seulement on s'accorde plus généralement à en donner une idée à l'aide d'un blanc argentin nuancé d'une légère teinte de rose.

Il résulte certainement de l'ensemble des dépositions, que cette Croix n'étoit pas à une hauteur considérable ; il est même très-probable qu'elle ne

dent, et lui-même nous encourage en multipliant ses lumières dans un siècle

s'élevoit pas à deux cents pieds au-dessus du sol ; mais il est difficile de rien fixer de plus précis que cette limite.

La longueur totale de la tige pouvoit être de cent quarante pieds, et sa largeur, à en juger par des données moins rigoureuses, de trois à quatre pieds. Comme sa situation étoit horizontale, on a déterminé la longueur de la partie comprise entre le pied et le croisement des branches, en mesurant la distance qui séparoit les spectateurs placés directement au-dessous de ces deux points. Ses autres dimensions, et particulièrement sa largeur, ont été conclues des proportions qu'on leur attribuoit entre elles et avec la longueur précédente. Il est facile de s'apercevoir que ces dimensions, beaucoup plus grandes que celles qu'on lui donnoit à la vue simple, devoient l'être en effet, comme cela a lieu pour tous les objets très-élevés (*à la vue simple, la croix paraissoit avoir quatre-vingts pieds de longueur.*)

Lorsqu'on a commencé à apercevoir la Croix, le soleil étoit couché depuis une demi-heure au moins, et elle a conservé sa position, ses formes et toute l'intensité de sa couleur pendant une autre demi-heure environ, jusqu'au moment où on est rentré dans l'église pour recevoir la Bénédiction du très-saint Sacrement : alors il étoit nuit ; les étoiles brilloient de tout leur éclat. Ceux qui sont rentrés les derniers ont vu la Croix commencer à se décolorer ; ensuite quelques personnes restées au dehors l'ont vue s'effacer peu-à-peu, d'abord par le pied, et successivement de proche en proche, de manière à présenter bientôt quatre branches égales, sans qu'aucune de ses parties

jusqu'ici trop ingrat. Que si la France, s'obstinant à sa perte, laisse évanouir

eût changé de place depuis le premier moment de l'apparition, et sans que celles qui avoient disparu laissassent aux alentours la plus légère trace de leur présence.

Il paroît qu'aucun observateur ne s'est appliqué à suivre cet évanouissement graduel jusqu'à son dernier terme; mais on sait qu'il étoit entièrement consommé lorsqu'on est sorti de l'église, immédiatement après la Bénédiction.

La journée où cet événement a eu lieu, avoit été très-belle, après une suite de plusieurs jours pluvieux. Au moment de l'apparition, le temps étoit encore serein, la température assez douce pour que peu de personnes s'aperçussent de la fraîcheur du soir. Le ciel étoit pur dans toute la région où se montroit la Croix, et l'on apercevoit seulement quelques nuages dans deux ou trois points éloignés de là et voisins de l'horizon. Ces nuages n'ont été vus que par un très-petit nombre de personnes. On ne pouvoit, en effet, les apercevoir que de quelques positions toutes particulières, dans lesquelles la vue n'étoit pas bornée par l'église ou des maisons. Enfin aucun brouillard ne s'élevoit de terre ni de dessus la rivière, qui coule à peu de distance.

La plupart des témoins furent dans l'instant même saisis d'admiration et d'un religieux respect. On vit les uns se prosterner spontanément devant ce signe de salut; les autres avoient les yeux tout mouillés de larmes; ceux-ci exprimoient par de vives exclamations l'émotion de leur âme; ceux-là élevoient leurs mains vers le Ciel en invoquant le nom du Seigneur;

toutes ses espérances, du moins le souvenir des grâces du Ciel demeurera en

il n'en est presque aucun qui ne crût y voir un véritable prodige de la miséricorde et de la puissance de Dieu.

Plusieurs personnes, qui avoient résisté à tout l'entraînement des exercices du Jubilé, sont revenues par suite de cet événement aux pratiques de la Religion, dont elles restoient éloignées depuis longues années; et d'autres, qui, par leurs œuvres et par leurs discours, sembloient annoncer que la foi étoit entièrement éteinte dans leur cœur, l'ont sentie se ranimer tout-à-coup, et en ont donné des marques non équivoques.

Enfin l'impression produite sur les témoins a été si vive et si profonde, qu'elle arrachoit encore des larmes à quelques-uns de ceux qui déposoient devant les commissaires, après plus d'un mois d'intervalle.

Admirons les conseils adorables de la Providence, qui a fait concourir cet événement avec des circonstances si propres à lui donner les heureux résultats qu'il a eus en effet. On ne peut qu'être vivement frappé de voir apparoître tout-à-coup, au milieu des airs, une Croix si manifeste et si régulière, dans le lieu et dans l'instant précis où un peuple nombreux est rassemblé pour célébrer le triomphe de la Croix par une solennité imposante, et immédiatement après qu'on vient de l'entretenir d'une apparition miraculeuse qui fut autrefois si glorieuse au Christianisme; de voir que cette Croix conserve toute son intégrité et la même situation, tandis que l'assemblée reste à la considérer; qu'elle s'affoiblit à mesure que celle-ci se retire,

témoignage de sa miséricorde ; elles auront préparé la voie à l'effusion d'autres

et disparoît à l'instant où l'un des actes les plus sacrés de la Religion appelle toute l'attention des fidèles.

Nous avons donné ce récit d'après le Rapport fait le 9 février 1827 à Mgr. l'Évêque de Poitiers par une Commission composée de MM. l'abbé de Rochemonteix, vicaire-général de Poitiers ; Taury, professeur de théologie au grand Séminaire ; de Curzon, maire de Migné, témoin occulaire du fait ; Boisgiraud, professeur de physique au Collége royal de Poitiers ; J. Barbier, avocat, et Victor de Larnay, lesquels ont entendu un grand nombre de témoins de tout état sur les lieux et ailleurs. Ce Rapport a été imprimé par ordre de Mgr. l'Évêque de Poitiers. (A Poitiers, chez Barbier, imprimeur-libraire.) C'est le premier acte public qu'on ait vu à Paris, chez Théodore Leclerc, libraire, rue Neuve-Notre-Dame, n°. 23.

Après une telle narration, le silence pourroit seul convenir, si des réflexions pénibles ne venoient encore nous troubler dans une circonstance si consolante.

Un seul signe incontestable de la part du souverain Maître devroit suffire pour changer la face du monde. Les merveilles sensibles que Dieu opère de nos jours pour rendre la foi à la société prouvent qu'elle n'est pas devenue incapable de la recevoir, et l'opportunité des moyens qu'il emploie est démontrée par le choix qu'il en fait lui-même et par leurs résultats immédiats. Mais malheur à ceux qui, craignant moins Dieu que les hommes, oseroient mettre sous le boisseau sa lu-

trésors, et d'autres événements signaleront sa colère.

mière! Quand cessera donc la résistance à la vérité, à tout ce qui peut ramener parmi les hommes la vertu et le bonheur? Les tentatives des impies pour étouffer ou détruire ce qui répugne à leur orgueil, indiquent en toute occasion ce qu'il est nécessaire de publier hautement et de conserver intact. Leurs procédés ordinaires sont connus : avant information suffisante, ils rejettent; après information, ils méprisent ou s'irritent; convaincus de mensonge sur un point, ils retombent sur un autre où ils ont déjà été confondus; afin de repousser la main de Dieu, ils adoptent sans examen mille hypothèses impossibles, et les choses les plus certaines n'ont point de prise sur leur mauvaise foi. Mais aujourd'hui la vérité est accablante; l'embarras de ses débiles aggresseurs se montre jusques dans leurs outrages; ils ont la conscience de l'usage que l'on devroit faire du signe qui les comdamne et les rappelle, et leur folie sera manifeste à l'univers si l'on sait *vouloir;* les impies de Paris ne sont pas le peuple de France : la lâcheté des Chrétiens a fait jusqu'ici toute leur hardiesse; la seule manière d'y répondre, c'est de passer outre. — Comme autrefois au jour des périls de l'Empire, l'autorité du Ciel proclame le Christianisme à la terre; l'autorité de la terre n'a pas encore répondu. Grâce ou jugement, défaite ou victoire, sont dans les mains des hommes; mais, soit que la sagesse ou l'irrésolution, soit que le courage ou la peur décident la Chrétienté ou la ruine, les vrais Chrétiens seront fortifiés par la nouvelle manifestation de celui qui est la lumière et la vie, et qui brisera toutes les résistances. Il saura consoler ses fidèles, il affermira ceux qui se confient en lui, et

Ce langage paraîtra peut-être exagéré à quelques lecteurs; mais ils voudront bien se rappeler que l'*exagération* est là seulement où les limites de la vérité sont dépassées, et nous sommes loin de dire ici tout ce qui pourrait être dit et tout ce qui est à notre connaissance. Cependant si quelque chose est propre à inspirer de justes alarmes, ce ne sont point les événements, ce ne sont point les en-

la colère des hommes ne pourra leur ravir d'immortelles promesses.

Sans disserter sur un fait où les lois de la nature se taisent complètement, nous nous permettrons une observation pour aider les personnes qui se contentent d'appeler *extraordinaire* ce qu'elles ne peuvent expliquer. Tout effet provient d'une cause; un effet extraordinaire qui ne peut être produit par une cause naturelle, est donc nécessairement produit par une cause surnaturelle, et lorsque ce même effet est diamétralement opposé aux desseins du démon, il vient de Dieu et s'appelle *miracle*.

Partout dans les cœurs droits les sentiments d'adoration, de reconnaissance et d'amour, répondront à l'apparition glorieuse de la Croix du Sauveur, et comme au jour de son humble naissance, on répétera le cantique des Anges : Gloire à Dieu au plus haut des Cieux, et paix sur la terre *aux hommes de bonne volonté*.

nemis (tout cède à la force d'en haut), mais bien l'éloignement pour la vérité, que l'on rencontre souvent dans les personnes mêmes qui ont le plus d'intérêt à la connaître toute entière. Que l'on nous traite d'enthousiaste dangereux; si l'on veut: l'enthousiasme de la vertu nous feroit trop d'honneur, et nous savons avec quelle mesure nous agissons; mais nous sentons l'insuffisance de nos paroles, des pages pleines de raison et de force pâliroient encore auprès des avertissements du Ciel; et le danger est ailleurs que dans les efforts et les vœux d'un homme ignoré. Tout le monde aujourd'hui sent l'approche des calamités prêtes à fondre tour à tour sur les Princes, les peuples et leurs ennemis: comment pourrait-on se résoudre à les rendre certaines, en refusant à Dieu ce qu'il demande de nous pour les prévenir? Parvenus au bord de l'abîme, pourrions-nous nous livrer encore à la fausse prudence qui nous y a conduits, tandis que Dieu lui-même s'efforce de nous dessiller les yeux, tandis qu'il réclame la confiance, le retour vers lui, tandis qu'éclairée par la foi, une volonté prompte et efficace pourroit tout sauver ?

Il seroit facile de s'étendre ici en raisonnements fondés sur la connoissance des hommes et des choses ; mais ce seroit trop s'écarter des avertissements qui doivent occuper entièrement les esprits : et puissent tous discours humains être rejetés comme perfides, s'ils ne s'accordent pas en tout avec les plans tracés par le Souverain Maître des hommes : il connoît mieux que nous les esprits et les cœurs, les pensées et les sentiments qui peuvent s'y réveiller, les maux qui nous travaillent, et les remèdes qui peuvent les guérir. Dieu ne nous a point manqué, ce n'est point lui qui nous manque ; l'éclat de sa lumière se proportionne à la grandeur du péril. En 1816, un humble cultivateur est envoyé à la Cour pour déclarer les volontés du Ciel; en 1826, à la fin d'une mission catholique et d'une année de grâce, un humble village de France est tout-à-coup le *témoin* de LA MAJESTÉ DU DIEU VIVANT, DE LA TOUTE PUISSANCE DU FILS DE L'HOMME. Les leçons de la plus haute sagesse se sont fait entendre; que reste-t-il à faire aux mortels, si ce n'est d'adorer et d'obéir? Le moment est arrivé, où ces événements seront hautement reconnus comme des plus grands et des plus salutaires de notre âge: ce moment, nous l'espérons, sera celui d'une véritable régénération, et non celui de trop tardifs regrets. *Et* NUNC, *Reges, intelligite; erudimini qui judicatis terram.*

Si les intentions expresses de l'Archange avoient été suivies en 1816, dès-lors un examen religieux et solennel eût été fait de ses révélations; dès lors la pensée publique eût été fixée, et la vraie lumière se fût étendue sur la France entière. Quoi qu'il en soit, en considérant les points incontestables pour toutes les personnes bien informées, savoir, le naturel, les goûts, les habitudes, les vertus humbles et simples de l'homme choisi..., les difficultés qu'il a rencontrées, les épreuves qu'il a subies, seul et sans appui visible....., l'absence de toute coopération de la part des hommes...., la conduite, les discours, la persévérance, la pénétration de Martin, dans les premiers mois de 1816....., l'accomplissement immédiat de plusieurs de ses prévisions, les événements qui les ont suivies et l'aspect de notre avenir....., les motifs de confiance, les témoignages de fait que fournissent toutes ces circonstances en faveur de ses déclarations..., enfin la nature des avis qu'il a transmis, le caractère et l'ensemble de l'œuvre entière..., il ne reste qu'à choisir entre deux miracles : l'un, qu'on ne pourroit croire qu'en vertu d'une imagination ou d'une foi plus robuste que la nôtre, seroit cette œuvre extraordinaire sans l'intervention d'un être surhumain ; l'autre, c'est la même œuvre avec l'intervention de l'Ange, qui explique tout d'une manière très-simple, et qui seule peut tout expliquer.

Une observation qui n'aura pas échappé aux esprits réfléchis, c'est que personne n'auroit voulu créer les faits et les discours tels qu'ils se trouvent dans l'histoire des révélations de Martin.....; *personne*, car les hommes droits et simples ne fabriquent rien, et ceux qui ne le sont pas, n'eussent point manqué d'y introduire leurs idées favorites : les uns eussent fait de l'Ange un Docteur de l'Église, les autres un premier Ministre. Mais la sagesse est promise à l'Eglise pour diriger les peuples dans la voie de la vérité et de la justice ; les Gouvernements sont chargés du soin de les régir selon l'ordre de Dieu ; il ne s'agissoit ici que d'un rappel à l'ordre, et de trop grands détails ne convenaient point à l'économie générale de la Providence, qui veut laisser aux hommes leur part de sollicitude et de travail. Voilà ce qu'il est facile de comprendre après coup, et nos lecteurs bien mieux que nous sauront développer ces réflexions : on pourroit en indiquer un plus grand nombre, mais elles se présentent d'elles-mêmes, et il n'est pas nécessaire de faire remarquer, par exemple, qu'un bon paysan en pleine santé n'a pu rêver naturellement, vingt-cinq fois, en plein jour, dans les circonstances et les lieux les plus divers, les choses les plus sensibles, les plus variées, les mieux conçues, et souvent aussi étrangères à son intelligence que parfaitement liées entre elles. Il est également clair que le fourbe le plus habile parmi les enfants des hommes n'auroit pu jouer le rôle de l'Ange avec toutes ses circonstances et dans toutes les conjonctures où l'Ange a apparu; et, indépendamment de toute autre autre considération, l'on conviendra qu'un fourbe qui auroit pu pénétrer partout, et qu'on n'auroit pu ni voir, ni entendre, ni saisir, seroit bien un fourbe imaginaire. Il suffit d'avoir appelé sur une œuvre qui embrasse nos intérêts les plus chers, les méditations qui peuvent la mettre dans tout son jour, l'attention des peuples et de ceux que l'on n'a point appelés en vain *Pasteurs des peuples.* L'impression que firent les révélations de Martin sur l'esprit et le cœur du Roi fut profonde, et, sans nous permettre de pénétrer les motifs de ses volontés, nous savons que sur quelques points importants elles étoient inébranlables. Et comment cesserions-nous aujourd'hui d'espérer pour la France, sous le règne d'un Prince dont l'âme religieuse et grande se révèle par les actes de sa bienfaisance et de sa piété, d'un Prince dont la foi est digne de vaincre le monde pour le préserver de la désolation, d'un Prince auquel nous ne souhaitons qu'une vertu, celle de se montrer tout entier à son peuple.

Mais pourquoi les jansénistes se sont-ils empressés de prendre des informations et de raconter ces merveilles?

parce que nous les avons négligées. Leurs soins nous sont déjà singulièrement utiles, si nous savons en rougir. D'ailleurs, ils y ont trouvé des annonces de malheurs, et pour eux les rigueurs ont toujours de séduisants attraits. Martin n'approchoit de la sainte table qu'une fois l'année ; cette circonstance pouvoit aussi leur plaire, ils pouvoient espérer d'en tirer parti: mais remarquons que le bourg de Gallardon est si peu religieux, qu'à peine quelques hommes y remplissent le devoir pascal. Cependant Martin auroit certainement fréquenté plus souvent les sacrements, s'il y avoit été excité ; c'est ce qu'il avoit fait dans d'autres temps d'après d'autres conseils, et c'est ce qu'il fait aussi depuis sa mission qui a augmenté sa vertu. Ce brave homme étoit irréprochable, il agissoit d'une manière analogue à sa situation particulière, et s'il eût été homme de piété remarquable, on en eût pris prétexte pour l'accuser d'exaltation : c'est ainsi que Dieu a ses vues en toutes choses. Enfin, Martin, ainsi que sa famille, est *franc et pur catholique*, pour nous servir de l'expression de nos témoins qui l'ont examiné à loisir. Les jansénistes n'ont pas aperçu d'abord toutes les conséquences de ce qu'ils admiroient ; et nous pourrions citer une personne qui a vu Martin de très-près dans le temps des apparitions de l'Ange, qui y a cru pleinement, qui appartenoit à une sorte de jansénisme nommé *la petite-église*, et qui, par réflexion, est rentré tout uniment dans la grande Église de Jésus-Christ. Puissent tous les hommes touchés d mêmes lumières revenir à l'unique bercail, sous la conduite du même pasteur !

Mais voici pour l'ordinaire les véritables obstacles à toute créance : l'orgueil, l'habitude de l'incrédulité, la faiblesse du respect humain, la corruption du cœur, la manie des discussions sans fin, l'oubli des choses simples, des vertus solides et modestes, la répugnance à s'occuper de ce qu'on n'a pas choisi soi-même, à reconnoître franchement ce que l'on a une fois méconnu, enfin toutes les misères de l'amour-propre, qui, sous mille prétextes, l'emportent trop souvent sur les considérations les plus graves,... et surtout l'indécision de l'Autorité.

Sans doute on n'objectera pas que dans les derniers temps il s'élèvera de faux christs et de faux prophètes, qu'ils feront des prodiges presque capables d'induire en erreur les élus. Ces faux prophètes enseigneront leurs doctrines particulières, et, secouant le joug de la Loi divine, prétendront assujettir les hommes aux caprices de leur propre intelligence et de leur cœur dépravé. Ici que voyons-nous? un *humble* laboureur, qui vient au nom de Dieu nous exhorter au repentir, nous dire que nous devons invoquer le Seigneur, nous rendre à la religion, à la foi, y conformer notre conduite, notre politique, en un mot rentrer dans la Chrétienté, ou que nous tomberons bientôt dans des malheurs extrêmes. Quels motifs raisonnables pourroit-on avoir pour négliger de tels avis? que de raisons, au contraire, pour en reconnaître plus que jamais la nécessité comme la source divine !

Souvent les prophéties anciennes étoient énoncées fort simplement ; elles se sont accomplies. Il en sera de même de nos jours ; car la parole de Dieu est certitude. Et quels cœurs seroient insensibles à cette bonté si long-temps outragée, qui veut répandre encore sur son antique héritage les lumières et les bienfaits du Christianisme? Un envoyé du Ciel vient nous les offrir, et la Croix victorieuse du Rédempteur doit achever son triomphe pour le salut de son peuple. Imiterons-nous le peuple juif dans son obstination, et ses destinées seront-elles les nôtres? ou répondrons-nous enfin aux desseins d'une Providence également puissante et miséricordieuse? Ce que Dieu nous ordonne, nous le pouvons, puisqu'il l'ordonne : ses lois ne varient pas ; c'est à nous de changer; sans lui la nullité de nos combinaisons est éprouvée; une résolution généreuse ne l'est point encore, et le principe de Vérité, solennellement reconnu, peut seul rendre à l'État sa force morale, confondre ses ennemis, rallier les Français et ranimer la France.

Pour nous, après avoir rappelé les châtiments assurés à l'endurcissement, et les moyens de les éviter prescrits par celui-là même qui conduit les hommes et les nations aux portes du tombeau, et qui peut les rendre à la vie, nous craindrions d'affoiblir la parole céleste en développant nos propres pensées: d'autres que nous sont chargés d'élever la voix dans Israël.

On ne peut ici supposer à qui que ce soit une légèreté révoltante; mais les hommes sans détermination, ou déterminés à ne croire qu'à une expérience complète, attendront,........ et seront convaincus de l'infaillibilité de la Providence divine et de leur propre folie.

29 juin 5

par la suite des événements ; ils se souviendront alors de ce qui leur avoit été annoncé.

FIN.

www.ingramcontent.com/pod-product-compliance
Ingram Content Group UK Ltd.
Pitfield, Milton Keynes, MK11 3LW, UK
UKHW012200240726
13966UKWH00002B/482